ullstein

Angst ist in Wahrheit nicht unbedingt immer schlecht. Denn dieses intensive Gefühl ist ein wichtiges Zeichen. Ein Zeichen dafür, dass du Zweifel hast - an dir selbst als Person, an deinen Fähigkeiten, Talenten oder auch Wünschen. Gefühle sind Zeichen - zum Handeln und dafür, was in deinem Kopf vorgeht. Gefühle müssen wahrgenommen werden, um sie im Anschluss zu hinterfragen. Lerne in diesem Buch, deine Gefühle und deine Ängste in Worte zu fassen, sie zu fühlen, auszuhalten, anzunehmen und wieder loszulassen.

SABRINA FLEISCH ist als Angst- und Stressbewältigungstrainerin und psychologische Beraterin tätig in Linz. Neben zahlreichen Workshops und Seminaren in Schulen, Unternehmen und Vereinen hilft sie auch in Einzelgesprächen bei den Themen Stressmanagement, Burnout-Prävention, Entspannung, Ängste überwinden, Selbstzweifel ablegen, Gewohnheiten ändern sowie glücklich und zufrieden leben. Sie leitet sehr erfolgreich die Lernwerkstatt Linz.

SABRINA FLEISCH

SEI *stärker* ALS DIE *Angst*

Ein Arbeitsbuch, das dein Leben verändern wird

Ullstein

Besuchen Sie uns im Internet:
www.ullstein.de

Wichtiger Hinweis

Die Ratschläge in diesem Buch sind von der Autorin und dem Verlag sorgfältig erwogen und geprüft. Sie bieten jedoch keinen Ersatz für kompetenten medizinischen Rat oder psychologische Hilfe. Jeder Leser ist für sein eigenes Handeln selbst verantwortlich. Alle Angaben in diesem Buch erfolgen daher ohne jegliche Gewährleistung oder Garantie seitens des Verlages. Eine Haftung der Autorin bzw. des Verlages und seiner Beauftragten für Personen-, Sach- und Vermögensschäden ist ausgeschlossen. Zum Schutz von Personen wurden Namen verändert und Handlungen, Ereignisse und Situationen abgewandelt.

FSC www.fsc.org MIX Papier | Fördert gute Waldnutzung FSC® C021394

PRODUZIERT MIT VERANTWORTUNG

Ungekürzte Ausgabe im Ullstein Taschenbuch
1. Auflage April 2023
3. Auflage 2025

Bildnachweise
S. 46: Created by Will Murray (Willscrit)/Wikimedia Commons
S. 63: Created by Alexandru Petre/Pixabay
S. 182: Designed by strelov (Image #523510899 at iStock.com)
S. 220: Designed by Alexander Skowalsky from NounProject.com
S. 221: Designed by Nadzin (Image #23902069 at VectorStock.com)

Bei Fragen zur Produktsicherheit wenden Sie sich bitte an produktsicherheit@ullstein.de
Umschlaggestaltung: zero-media.net, München
Titelmotiv: © FinePic®, München
Gesetzt aus Macklin Text
Layout und Satz: Red Cape Production, Berlin
Druck und Bindearbeiten: Scandbook, Litauen
ISBN 978-3-548-06790-2

Inhalt

Schön, dass dich dieses Buch gefunden hat.
Ich freue mich sehr darauf, mit dir zu arbeiten.
Mache dich bereit für eine spannende
und erkenntnisreiche Reise zu dir selbst.

Ich garantiere dir, dass du, wenn du dieses Buch sorgfältig bis zum Ende durcharbeitest, dich selbst besser verstehen, kennenlernen und neu entdecken wirst.

Du wirst dich stärker, kraftvoller und selbstbewusster fühlen. Du wirst deine persönlich gesetzten Grenzen überschreiten und erkennen, wie viel Stärke in dir ist und was du alles schaffen kannst.

Du wirst den Glauben an dich selbst zurückgewinnen und ein selbstbestimmtes Leben führen.

1.

Vorwort

Hat Angst dir schon manche Entscheidungen abgenommen und dein Leben gesteuert? Hast du vielleicht schon mal ein Jobangebot abgelehnt, weil du glaubtest, die Erwartungen nicht erfüllen zu können? Hast du schon einmal eine Chance verstreichen lassen, weil du an dir gezweifelt hast? Hast du Aktivitäten abgesagt, weil du Angst hattest, zu versagen oder nicht gemocht zu werden? Hat dich die Angst vor Kritik oder Ablehnung dich zurückziehen oder verstummen lassen? Hat sie dir Freude und Leichtigkeit genommen und stattdessen Sorgen in deinem Kopf entstehen lassen? Konntest du manche Situationen nicht genießen, weil du im Kopf schon bei den möglichen Konsequenzen und dem schlechten Ausgang warst? Hattest du schon mal das Gefühl, hilflos und ausgeliefert zu sein? Kennst du dieses Gedankenkreisen, welches dich nicht einschlafen lässt und dir immer wieder die Angstvorstellung vor Augen führt?

Doch nicht du und deine Aussicht auf Neues, Aufregendes oder Herausforderndes treffen die Wahl. Allzu oft kann diese intensive einnehmende Emotion dein Leben in die Hand nehmen und dir so wertvolle und positive Erfahrungen nehmen.

Wie wäre ein Leben ohne Angst? Was würdest du tun?

Würde dein Leben anders verlaufen? Würde es jetzt anders sein?

Schließ die Augen und stell dir vor, du hättest keine Selbstzweifel und glaubtest fest daran, alles zu erreichen, was du dir vornimmst. Stell dir vor, wie ein warmes angenehmes Gefühl von Mut und Stärke durch deinen Körper fließt. Wie du an dich glaubst und mutig durchs Leben schreitest. Stell dir vor, dass es keine Angst mehr in deinem Leben gibt, nur Liebe, Leichtigkeit und Frohsinn. Wie wäre das?

Dies ist das Ziel dieses Buches. Du wirst dich deiner Angst stellen. Du wirst Kraft und Mut in dir entdecken und deine Zweifel und Sorgen beiseiteschieben. Du wirst dich mit deinen Gefühlen auseinandersetzen und mit deinen Gedanken. Du wirst intensiv an dir arbeiten, um deine Ängste zu besiegen, und schlussendlich stärker als deine Ängste, Zweifel und Sorgen sein.

2.

Anleitung

Um nachhaltige Erfolge zu verzeichnen und das Maximum aus diesem Buch herauszuholen, empfehle ich dir, auf folgende Punkte zu achten:

- Beantworte jede Frage.
- Arbeite das Buch chronologisch durch.
- Lasse keine Übung aus.
- Versuche stets in ganzen Sätzen zu antworten.
- Wenn du die Übungen mehrmals machen möchtest oder der Platz nicht ausreichen sollte, notiere deine Antworten in einem Notizbuch.
- Nimm dir Zeit, jede Frage ausführlich zu beantworten.
- Schreibe dir auf Notizzettel wichtige Erkenntnisse und mache sie weiterhin sichtbar.
- Stelle dir für dich hilfreiche Fragen auch nach der Lektüre weiterhin im Alltag.
- Es gibt kein Richtig und kein Falsch.
- Gönne dir Pausen zwischen den einzelnen Tagen, an denen du mit diesem Buch arbeitest.
- Bleibe hartnäckig und halte durch, auch wenn es mal schwer wird.
- Sei dabei nicht zu streng mit dir: Gehe liebevoll mit dir um, wie mit einem Kind oder einer guten Freundin.

3.

Meine Geschichte

Ich kenne das Gefühl der Angst, welches einem die Kehle zuschnürt, gut. Ich weiß, wie es sich anfühlt, sich hilflos und ausgeliefert zu fühlen. Ich weiß, wie es ist, wenn man nicht mehr die Kontrolle über seinen Körper hat und die Angst einem den Verstand nimmt. Angst kann überwältigend sein. Das Gefühl der Hilflosigkeit, der Scham, der Ohnmacht und Überforderung, welches die Angst mit sich bringt, beeinflusst das Leben, alle Entscheidungen und die zu gestaltende persönliche Zukunft.

Ich kenne panische Angst.
Jahrelang habe ich dagegen angekämpft.

Als ich in die Grundschule kam, war ich eine der Ältesten. Ich war sehr lernwillig und fleißig, jedoch auch sehr selbstkritisch und perfektionistisch. Nach den ersten Tagen in der neuen Umgebung geschah es, dass ich ein paar Fragen nicht beantworten konnte. Ich schämte mich so sehr, dass ich bitterlich zu weinen begann. Vor den anderen Kindern zu weinen und von allen angestarrt zu werden, machte es noch schlimmer und ließ mich hyperventilieren. »Seht weg!«, wollte ich am liebsten schreien, aber die Tränen, die Scham und das Ringen nach Luft ließen mich verstummen. Ich fühlte mich in diesem Moment dumm, minderwertig, unverstanden und von den anderen ausgelacht - obwohl kein einziger Schüler dies auch nur ansatzweise lustig fand. Es fiel mir schwer, mich zu beruhigen, immer mehr erlag ich meinen Gedanken und der Angst, abgelehnt zu werden. Ich wurde dann in ein anderes Zimmer geschickt, um mich zu beruhigen. Ich weiß gar nicht mehr, ob ich an diesem Tag überhaupt noch zurück in die Klasse gegangen bin oder ob mich meine Mutter sofort abgeholt hatte. Ich erinnere mich aber noch genau daran, wie sehr ich mich fürchtete, eine solche Situation noch einmal zu erleben, mich noch einmal so zu fühlen.

Ich weinte stundenlang und konnte mich nicht beruhigen.

Leider aber fühlte ich mich bald wieder so. Wenn ich die Antwort auf eine Frage nicht wusste, war ich den Tränen nahe oder heulte los, ohne dass ein Ende in Sicht war. Nicht selten dauerte es Stunden, bis ich halbwegs wieder Kontrolle über mich und meinen Körper hatte. Ich wollte aufhören zu weinen und normal atmen, aber es gelang mir nicht. Je mehr ich mich anstrengte, umso schwieriger bekam ich Luft. Es war ein Teufelskreis. Ich hatte irgendwann solche Angst, wieder eine Panikattacke zu bekommen, dass Kleinigkeiten ausreichten - ein blöder Kommentar von einem Mitschüler, ein Witz, in dem ich oder mein lustiger Nachname »Fleisch« vorkam, oder eine Hausübung, die ich nicht verstand. Sobald das Weinen begann, wollte es nicht mehr aufhören.

Meine Mutter ging mit mir damals auch zu einer Psychologin, und auch ein Arztbesuch sollte Abhilfe schaffen - zumindest was die Atemprobleme anging. Ich bekam ein Asthmaspray für Kinder, dessen Geruch und Geschmack ich überhaupt nicht mochte. Noch heute fühle ich den Pelzbelag auf der Zunge, nachdem ich durch das kreisrunde hellblaue

Plastikbehältnis eingeatmet habe. So richtig geholfen hat nichts.

Doch woher kam das? Kritisch mir selbst gegenüber war ich schon immer. Dabei hatten meine Eltern gar keine so hohen Erwartungen an mich. Doch gewisse Verhaltensmuster hatte ich natürlich von ihnen übernommen:

Meinem Vater und meiner Mutter war das Bild, das die Familie nach außen abgibt, immer wichtig. »Was denken sich die Leute nur!« Sie hatten auch sehr genaue Vorstellungen, was die Ordnung zu Hause angeht. Die Sauberkeit im Haushalt wurde großgeschrieben, und ich sorgte als Kind und Teenager immer wieder für Chaos, Brösel auf der Küchentheke und Unordnung durch herumliegendes Spielzeug. Ich durfte zwar Fehler machen, aber Unzulänglichkeiten vor anderen Menschen zu zeigen galt als nicht okay.

Schlechtes wurde verdrängt oder versteckt, um keine Angriffsfläche zu bieten. Dieses Verhalten hatten meine Eltern durch ihre eigenen Familienbeziehungen erlernt - und an mich weitergegeben. Natürlich lernt ein Kind dadurch auch, das Schlechte unter den Teppich zu kehren, dass Fehler und Schwächen nicht akzeptabel sind und keinen Platz haben, denn dann ist man weniger wertvoll. Auf diese Weise entstanden zahlreiche Glaubenssätze: »Nur fehlerfreie Menschen sind liebenswert«, »Schwächen sind nicht akzeptabel«, »Keine Angriffsfläche bieten«, »Über Negatives spricht man nicht«, »Du musst nach außen ein perfektes Bild abgeben«, »Was andere über dich denken, ist wichtig« etc.

Die Reaktion meines Körpers war antrainiert, gewohnt und lief fast automatisch ab. Die Gedanken in meinem Kopf überschlugen sich, Horrorszenen in meinem Gehirn und die Vorstellung, selbst nicht auszureichen, nicht der Erwartung zu entsprechen, zeigten sich immer wieder in Tränen der Überforderung und dem Wunsch zu flüchten.

Ich war innerlich und äußerlich sensibel.

Durch und durch ein Sensibelchen - das wurde mir immer wieder während meiner gesamten Schullaufbahn von Erzieherinnen, Hortpädagogen und Familie und Freunden bestätigt. Ich war nicht nur innen, sondern auch außen sensibel - sogar meine Socken mussten vorgedehnt werden, weil ich den Druck der frisch gewaschenen Strümpfe auf meine Füße nicht aushielt.

Doch sensibel zu sein ist nichts Schlechtes - auch das durfte ich im Laufe meines Lebens lernen. Ohne meine Sensibilität und Empathie könnte ich meinen Job nicht so gut machen, wie ich ihn mache. Ich könnte nicht den Zugang zu Menschen finden, der doch so vielen bereits geholfen hat.

Ein Teil unserer Wesenszüge bestimmt die Genetik. Hier war ich sicherlich vorbelastet, denn alle in meiner Familie sind feinfühlig und empfindsam. Dass sich jemand nicht ausreichend geschätzt und geliebt fühlte und die Strategie Rückzug, Verdrängung und Vermeidung war, anstatt darüber zu reden, war eine unausgesprochene Regel. Zusätzlich zur genetischen »Vorbelastung« sind es Erfahrungen, die einen lernen lassen, wie die Welt funktioniert und wie das Miteinander funktioniert.

Ich habe mit Experten gearbeitet, um herauszufinden, warum sich bei mir in jungen Jahren starke unkontrollierbare Ängste gezeigt haben und wie ich lernen konnte, diese zu bekämpfen. Immer mehr verstand ich, was in mir vorging. Welche Gedanken zu dem Verhalten und den körperlichen Symptomen wie Weinen, Rückzug oder Vermeidung führte. Immer besser gelang mir der Umgang mit meinen Ängsten, und ich wurde stärker.

Mit der Zeit wurde es besser. Mit der Zeit lernte ich mich besser kennen und verstehen. Mit der Zeit wurde ich stärker, konnte mir selbst mehr Liebe schenken und durch Erfahrungen wachsen. Durch regelmäßiges Reflektieren, Hinterfragen und Aufarbeiten konnte ich viele Herausforderungen in meinem Leben meistern. Ich erkannte Glaubenssätze, die ich mir unbewusst angeeignet hatte und die nicht förderlich für mich und mein Leben waren. Nicht nur die Aufarbeitung mancher weiteren schwierigen Themen und mein Interesse für den Menschen, dessen Verhalten und die gezeigten Charakterzüge, sondern auch meine Ausbildung zur Angst- und Stressbewältigungstrainerin haben geholfen, mich besser zu verstehen und zu steuern. Mit diesem Wissen und der Erfahrung am eigenen Leibe, wie stark sich der Mensch entwickeln kann, helfe ich heute auch vielen anderen Menschen. Auch in meiner Familie konnte ich einiges zum Positiven verändern.

Neugier, Mut, Willensstärke,
regelmäßiges Reflektieren und
Expertenwissen haben mir geholfen,
meine Ängste zu besiegen.

Man darf über Gefühle sprechen, man darf über Dinge sprechen, die schiefgelaufen sind, ohne bewertet oder verurteilt zu werden. Man ist nicht automatisch ein schlechterer Mensch, wenn Fehler passieren. Zu verstehen, warum sich Menschen so verhalten, wie sie sich verhalten, und welche Gedanken, erlernte Glaubenssätze und Erfahrungen dahinterstecken, verändert die Situation, ermöglicht Verständnis und Mitgefühl. Letztendlich wollen wir doch alle nur geliebt, geschätzt, akzeptiert und gemocht werden.

Mir war und ist es ein persönliches Anliegen, Menschen zu helfen, die mit Angst, Panik und Selbstzweifel zu kämpfen haben - denn ich weiß, wie es sich anfühlt.

Dieses hart erarbeitete Wissen und die am eigenen Leib erlebten Praxisübungen sollen auch dir und zahlreichen anderen Menschen helfen, über sich hinauszuwachsen, Ängste zu überwinden, sich selbst zu lieben und glücklich zu leben.

Ich wünsche dir ein lehrreiches Vergnügen und viele Aha-Momente beim Durcharbeiten dieses Buches.

4.

Zieldefinition

Es freut mich, dass du dieses Buch gefunden hast und dieses Buch dich.

Wie zu jedem Start einer aufregenden Reise sollten zuerst der Startpunkt und das Endziel definiert werden. Erst dann können die weiteren Schritte am Weg zur Endstation festgelegt werden.

Wichtig ist, dass du ehrlich zu dir selbst bist. Dieses Buch kann dir nur helfen, wenn du bereit bist, dich zu öffnen – vollkommen. Du wirst dich intensiv mit dir beschäftigen, deinen Gedanken, Verhalten, Erfahrungen, Zweifeln, Ängsten und Sorgen. Du wirst dich an unschöne Erlebnisse zurückerinnern, aber auch an stolze Momente in deinem Leben. Du wirst deine Fantasie nutzen, um eine neue Version von dir zu erschaffen und um deine Zukunft zu gestalten. Zahlreiche Übungen und Fragestellungen werden dich auf dieser Reise begleiten und dich schlussendlich an deiner gewünschten Endhaltestelle aussteigen lassen.

Bist du bereit, dich zu öffnen und Dich deinen Ängsten zu stellen?

Genieße diesen Weg – denn wie heißt es so schön: »Der Weg ist das Ziel«. So ist es auch mit diesem Buch. Dieser Weg kann dein Leben verändern, deine Denkweise revolutionieren, dich deinen Abgründen näherbringen und zugleich deinen sehnlichsten Wünschen. Dieser Weg ist wichtiger als das verlockende Ziel am Ende.

Sei es dir wert. Lasse dich darauf ein, sei ehrlich zu dir selbst, glaube an dich, übe dich in Zuversicht und fülle diese Seiten mit deinem Innersten - all deinen Gedanken und Emotionen. Handle intuitiv, lasse dich leiten von deinem Bauch. Eine perfekte Antwort gibt es nicht. Es müssen auch nicht immer die richtigen Worte sein - deine ersten Gedanken zählen.

Versuche trotzdem stets, in ganzen Sätzen zu schreiben, denn erst dann werden dir so manche Aussagen und deren Tragweite bewusst. Wortfetzen wie: »dumm, unzureichend, schön, keine Angst, Selbstvertrauen« sind nicht dasselbe wie »Ich bin unzureichend«, »Ich bin dämlich«, »Das empfinde ich als schön«, »Ich möchte meine Angst besiegen«, »Ich möchte an mich glauben«. Bemerkst du den Unterschied? Es hilft dabei, wirklich zu verstehen, was in dir vorgeht. Erst dann bemerkst du, was du dir überhaupt sagen möchtest, und du wirst dies auch intensiver fühlen.

Der Weg ist das Ziel

Warum hast du dir dieses Buch gekauft?

Was erwartest du von diesem Buch?

Welche(s) Ziel(e) möchtest du mit diesem Buch erreichen?

Warum möchtest du dieses Ziel erreichen?

Warum kannst du das schaffen?

Wie fühlst du dich, wenn du dieses Ziel erreicht hast?

Versuche nun die gedankliche Vorstellung von deinem Ziel in einem visuellen Bild festzuhalten. Zeichne hier die Startstation deiner Reise. Wo startest du? Was umgibt dich? Wie möchtest du dich jetzt zu Beginn deiner Reise darstellen? Male intuitiv, es gibt kein Richtig und kein Falsch, nur dich und deine Gedanken.

Zeichne hier die Endstation (Ziel) deiner Reise. Wie kann dein Ziel aussehen? Was soll an deiner Zielstation auf dich warten? Wo bist du in dieser Vorstellung? Wie bist du? Stelle es dir genau vor und versuche aus deinen Zielen und Wünschen ein Bild zu erschaffen!

*Wer zu wenig erwartet,
darf sich nicht wundern,
wenn er zu wenig bekommt.*

Verbinde nun die zwei Zeichnungen mit einem Weg. Es kann eine Brücke sein, ein Trampelpfad, eine gepflasterte Straße, ein romantischer Waldweg, ein Auto, ein Schiff, eine Kutsche, die bestiegen wird, oder ein Zug. Entscheide selbst, wie du deinen Weg vom Startpunkt heute zu deinem Ziel bewältigen wirst.

Nun stelle dir vor, wie du diesen Weg beschreitest oder wie du in diesen Zug, die Kutsche, das Auto einsteigst oder zu Fuß die Reise antrittst. Du machst dich jetzt gerade auf den Weg zu deinem Ziel. Sei geduldig, sei liebevoll zu dir und freue dich auf die Reise!

Sieh dir nun deine zwei Zeichnungen genau an. Lasse sie ein paar Minuten auf dich wirken. Bitte versetze dich in deine Zeichnung hinein, fühle, nimm dich und deine Umgebung wahr. Danach beantworte diese Fragen:

Wie fühlt sich das erste Bild für dich an?

____

____

____

____

Welchen Titel würdest du der ersten Zeichnung »Startstation« geben?

Wie fühlt sich das zweite Bild für dich an?

Welchen Titel würdest du dem zweiten Bild geben?

Was genau hat sich zwischen der »Startstation« und der »Endstation« verändert?

Wie fühlst du dich im zweiten Bild? Was löst das in dir aus?

Wie hast du die zwei Bilder verbunden? Warum auf diese Art und Weise? Was sagt dir diese Verbindung? Nenne deine ersten Assoziationen zur gewählten Verbindung (z. B. Zug: schnell, konstant, Stationen; Brücke: beschreiten, Aussicht, Wasser, gemeinsam, rund, Balance ...)!

Welche Fähigkeiten, Charaktereigenschaften und Talente bringst du mit, die dir helfen werden?

Warum wirst du diese Reise bewältigen können? Nenne drei Gründe!

Was braucht es noch, um dieses Ziel erreichen zu können?

Was würde es dir bedeuten, an dieser Endstation zu stehen? Was würde sich in deinem Leben ändern? Wie würde sich deine Zukunft verändern?

Halte die Vorstellung von deinem Endziel fest in Gedanken. Du kannst es in deinen Kleiderschrank hängen, an die Wand oder in deiner Geldtasche mit dir tragen. Hauptsache, du hast dein Ziel vor dir. Du kannst auch eine Collage mit all deinen Zielen gestalten, denn so werden sich die Bilder mit der Zeit in deinen Kopf brennen und dich unterbewusst der Vorstellung immer näherbringen.

Ziele motivieren uns. Ziele geben uns die nächsten Schritte vor und lassen uns ausdauernd und stark werden. Vorausgesetzt, du kannst es dir vorstellen.

Keine Handlung ohne Motivation.

Ohne Ziele macht das Leben nur halb so viel Spaß. Wir brauchen Aufgaben und Erfolge. Diese Erfolgserlebnisse sind aber nur möglich, wenn wir uns Ziele setzen und diese zu erreichen versuchen. Ein Leben ohne Wünsche, Träume und Ziele ist nicht erfüllend, nicht sinnhaft, langweilig, traurig und macht sogar depressiv.

Es ist bewiesen, dass Menschen, die sich Ziele setzen, glücklicher sind als Menschen, die sich nie Ziele setzen - selbst wenn sie die Ziele nicht erreichen. Warum? Weil schon alleine die gedankliche Vorstellung eines solchen Erfolgserlebnisses ausreicht, um Glücksgefühle zu erzeugen und Motivation. Trotzdem hast du dich »getraut« zu träumen und dir die schönen Glücksgefühle ermöglicht.

Nur allzu viele scheuen sich davor zu träumen. Warum? Weil die Angst vor Enttäuschung zu groß ist. Das bedeutet, du entscheidest dich schon vorab, aufzugeben und dich schlecht zu fühlen, um zu vermeiden, dich bei Nicht-erreichen des Ziels nochmals zusätzlich schlecht zu fühlen. Somit wird dies eine unabwendbare Prophezeiung, die dir ein falsches Bild von dir selbst und deinen Fähigkeiten vermittelt. Die Angst zu versagen nimmt dir jegliche Freude und Tatendrang und somit auch einen Teil Hoffnung. Du bestätigst dir vorab schon, nicht an dich zu glauben, nicht die Fähigkeiten mitzubringen und das Ziel nicht erreichen zu können, weil du dich nicht traust, daran zu denken. Aber warum möchtest du dich absichtlich bestrafen, vorab schon jedes mögliche schöne Gefühl zerstören, wenn du dich doch entscheiden könntest, dich jetzt gut zu fühlen, wenn du an deine Wünsche und Ziele denkst? Gönn dir die Glücksgefühle. Habe sie zumindest jetzt einmal, fühle sie in diesem Moment und habe keine Angst davor, wenn sie nicht nochmals auftauchen, weil sich dein Weg oder Ziel vielleicht verändert. Nimm dir nicht selbst die Freude.

Was kann im schlimmsten Fall passieren? Nichts. Im besten Fall? Ganz viel. Das Ergebnis ist dasselbe, nur dass die Chance um mehr als das Doppelte steigt, wenn du es dir vorstellen kannst.

Tagträumen macht glücklich.

Wenn du nun weißt, dass das gedankliche Ausmalen nicht nur die Siegeschance erhöht, sondern dir auch noch Glücksgefühle und Motivation gibt - warum versuchst du es nicht? Falls du die ersten Übungen nur halbherzig gemacht haben solltest, bitte ich dich, dir nochmals Zeit für sie zu nehmen, zu visualisieren und zu formulieren. Dies ist der erste wichtige Schritt auf deiner Reise, der die nächsten vorbereitet und nicht aufgeholt werden kann. Solltest du dich bereits »getraut« haben, dann herzlichen Glückwunsch! Du bist mutig und ganz bei der Sache. Hier, jetzt im Moment, triffst du die Entscheidung, dein Leben in die Hand zu nehmen und deine Zukunft zu gestalten. Mit jedem gelesenen Satz, mit jeder durchgeführten Übung und beantworteten Frage gehst du einen Schritt weiter auf deiner Reise und sammelst Kraft, Stärke, Selbstvertrauen und bekommst dafür immer mehr Mut, Selbstbestimmung und Wohlbefinden.

Es zählt nicht, wie oft du eine Übung versuchst, bis es klappt. Es geht darum, dass du dich auf die Reise begibst, dranbleibst und weitermachst. Am Ende möchtest du an deinem Ziel stehen. Und vielleicht ist es am Ende ein ganz anderes Ziel, als du dachtest. Wie lange du gezögert hast oder wie viele Anläufe es gebraucht hat, fragt niemand. Du hast dein Zeugnis in der Hand, und es ist irrelevant, wie oft du eine Nachprüfung hattest oder die Schule gewechselt hast. Du hast deinen Traumjob gefunden, egal wie oft du bei anderen Firmen abgelehnt oder gekündigt worden bist.

Einmal mehr aufstehen
als hinfallen - die Erfolgsformel
für das gesamte Leben.

Also glaube an dein Ziel. Lasse dich davon inspirieren, motivieren und führen. Vertraue dir. Vertraue darauf, dass alles gut wird. Denn wenn du daran glaubst, wenn du es dir vorstellen kannst, wird es mit der Zeit immer mehr Form annehmen und sich in der realen Welt wiederfinden. Der Erfolgsfaktor für deine Zielerreichung bist du - nur du. Du musst an dich glauben. Du musst dich anfeuern und zum Weitermachen motivieren. Du setzt alle nötigen Schritte. Entscheide dich jetzt, dein Leben in die Hand zu nehmen und für deine Ziele zu kämpfen. Du bist alles, was du dafür brauchst.

Stell dir vor, du gehst in ein Kino und siehst dir einen spannenden Action-Film an. Es gibt zahlreiche brenzlige Situationen, bei denen die Darsteller sterben könnten oder ihre Aufgabe verfehlen. Nun stell dir vor, dass dir der Sitznachbar zu deiner Rechten verrät, dass es ein Happy End gibt. Mit dem Wissen, dass alles gut ausgehen wird, nimmst du die Herausforderungen nicht mehr ernst. Du weißt, dass sie alles meistern werden und es ein schönes Ende geben wird.

Nun projiziere das Happy End des Films auf dein Leben. Ich bin der Sitznachbar, der dir zuflüstert, dass alles gut werden wird. Wenn du weißt, dass du am Ende glücklich sein wirst, jede Challenge gemeistert haben wirst, für jedes Problem eine Lösung gefunden haben wirst und jede Angst bekämpft und überwunden hast, lässt das das Hier und Jetzt, den manchmal beschwerlichen Weg zu deinem glücklichen Ich, nicht mehr bedrohlich wirken. Plötzlich wirkt alles nicht mehr so schwer, weil du an das schöne Ende glaubst. Und denkst du nicht, dass du am Ende immer einen Weg, eine Lösung oder Alternative gefunden haben wirst? Vertraue darauf, dass alles gut wird. Denn wenn du daran glaubst, wenn du es dir vorstellen kannst, wird es mit der Zeit immer mehr Form annehmen und sich in der realen Welt wiederfinden. Der Erfolgsfaktor für deine Zielerreichung bist du - nur du.

Du musst an dich glauben. Du musst dich anfeuern und zum Weitermachen motivieren. Du setzt alle nötigen Schritte. Entscheide dich jetzt, dein Leben in die Hand zu nehmen und für deine Ziele zu kämpfen. Du bist alles, was du dafür brauchst.

Stell dir vor, du bist 99 Jahre und sitzt gemütlich in einem weichen braunen Ohrensessel. Stell dir vor, dass es dir gut geht, du glücklich und dankbar bist für dein Leben. Was würdest du zu deinem jetzigen Ich sagen?

____

____

____

____

____

____

____

____

Man kann Angst und Dankbarkeit nicht gleichzeitig empfinden.

Welchen Rat hast du dir gegeben bzw. würdest du dir geben?

In welchen Situationen in der Vergangenheit dachtest du, sie nicht bewältigen oder lösen zu können? Welche Lösungen haben sich ergeben? Welche Wege taten sich auf? Wie wurde dann doch alles gut? Finde zwei bis drei Beispiele.

Waren die Sorgen und Ängste wichtig oder doch unnötig?

Was war wirklich von Bedeutung in den 99 Jahren?

Was möchtest du am Lebensende über dich und dein Leben sagen können?

Was möchtest du JETZT ändern, wenn du an dein Happy End im hohen Alter denkst?

5.

Emotionen

A-N-G-S-T - fünf Buchstaben, eine Emotion. Angst ist ein intensives, unangenehmes Gefühl, welches den ganzen Körper einnimmt. Angst ist, nach Paul Ekman, dessen Forschung auf Charles Darwins Emotionstheorie aufbaut, eine der vier Hauptemotionen. Angst, Freude, Trauer und Wut, die uns ein Leben lang begleiten und auch steuern. Diese Basisemotionen können durch vier weitere ergänzt werden: Scham, Ekel, Überraschung und Liebe.

Angst tritt selten alleine auf. Oft versteckt sich hinter der Angst Traurigkeit oder Wut. Auch Scham wird oft mit Angst verwechselt, obwohl es auf der Gefühlsebene doch in verschiedenen Nuancen erlebbar ist. Es ist der Gefühlsmix, der jedes Mal etwas anders ausfällt, dich anders fühlen und handeln lässt. Auch die Angst hat verschiedene Abstufungen - von Zweifel, Sorgen bis hin zu Furcht. Es gibt verschiedene Synonyme, die alleine beim Lesen schon ein anderes Gefühl auslösen.

Seine Emotionen zu meistern ist eine Kunst. Diese zu beherrschen, zu nutzen und zu lieben ist eine Herausforderung. Die eigenen Gefühle wahrzunehmen und beschreiben zu können ist der erste Schritt, der vielen schon Schwierigkeiten bereitet. Es ist aber sehr wichtig, um Ängste loswerden zu können, diese zu fühlen, anzunehmen und zu verarbeiten. Gefühle zu verdrängen, funktioniert auf Dauer nicht. Es ist auch nicht möglich, einzelne Gefühle auszuschalten. Wenn deine gewählte Strategie war, nicht zu fühlen, wirst du keine der

Emotionen wahrnehmen. Wenn du deine Emotionen nicht zulässt, kannst du diese nicht loslassen - doch wir wollen ja Ängste loslassen.

Auf den nächsten Seiten wirst du dich mit deinen Gefühlen auseinandersetzen, versuchen, diese zu spüren und in deinem Körper zu lokalisieren. Habe keine Angst (wie passend bei diesem Buchtitel) zu fühlen. Du wirst geleitet, hast ausreichend Zeit und keinen Druck. Folge deiner Intuition, versuche hineinzuhorchen und das zu machen und zu schreiben, was dir als Erstes in den Sinn kommt. Wie auch bei den anderen Übungen in diesem Buch gibt es kein Richtig oder Falsch, nur dich, deine Ansichten, Meinungen und eben Gefühle. Deine Gefühle wahrzunehmen, zu benennen, zu spüren, mitzuteilen und damit umzugehen ist ein wichtiger Schritt, um dich (und deine Ängste) besser verstehen und steuern zu können.

GEFÜHLSCOCKTAIL

Ein Leben ohne Gefühle? Das hat vielleicht eine Fernbedienung, ein Kühlschrank oder eine Fußmatte. Ein Mensch aus Fleisch und Blut hat das großartige Geschenk bekommen zu fühlen. Emotionen machen dein Leben lebenswert. Stelle dir ein Leben ohne Gefühle vor, zwar ohne Angst, aber auch ohne Freude, Traurigkeit oder Überraschung. Kannst du dir so ein Leben vorstellen? Würdest du das wollen? Jedes Gefühl hat seine Daseinsberechtigung. Jedes Gefühl ist wichtig und möchte uns etwas mitteilen. Es gibt für jede Empfindung einen wesentlichen Grund. Den Auslöser dahinter zu verstehen, sich zu verstehen, die eigenen Gedanken und Fantasiebilder im Kopf, die für so manches unangenehme Gefühl verantwortlich sind, gilt es zu ergründen. Hierbei möchte ich dir helfen. Also lass uns loslegen und deinen Gefühlen auf den Zahn fühlen.

Emotionen zu leben ist
gesund und wichtig.

Die Basisemotionen (Freude, Trauer, Wut, Angst) sind diejenigen Gefühle, aus denen sich jedes andere Gefühl zusammensetzt. Du kannst dir deine Gefühle wie eine Farbpalette vorstellen. Je nachdem, welche Farben du in welcher Intensität dazugibst, entsteht ein neuer Farbton, also ein »neuer« Gefühlscocktail. Für Kochliebhaber kann man dies auch mit einer Gemüsesuppe oder einem Eintopf vergleichen. Hier landet manchmal etwas mehr pürierte Karotte als Kartoffel im Mixer oder etwas mehr Pfeffer als Salz, was den Geschmack doch immer wieder leicht abändert. Die jeweilige Mischung der Basisemotionen bestimmt deine aktuelle Gefühlslage.

So geht Angst oft mit Scham oder Trauer mit Wut einher. Mit Sicherheit hast du auch schon einmal vor Freude geweint und somit einen Gefühlsmix aus trauriger Freude gespürt. Auch freudige Überraschung wirst du in deinem Leben schon empfunden haben. Vielleicht hast du auch schon Angst und Überraschung gemeinsam erlebt.

Um diese bunte Mischung aus Gefühlen in dir noch erlebbarer zu machen, zeichne deinen momentanen Gefühlscocktail mit all seinen Zutaten hier auf. Male auch eine bunte Flüssigkeit in das Glas. Beschreibe, wie dieses Getränk schmeckt. Wenn du magst, gib dem Cocktail, also deinem Gefühlsmix, einen Namen. Es gibt kein Richtig oder Falsch. Alles, was du hier tust, tust du für dich und für niemand anderen. Das Ziel ist es, einen besseren Zugang zu dir zu finden, und nicht, die Kreativität in Person zu sein oder ein atemberaubender Zeichner. Hier geht es nur um dich, deine Gefühle und gedanklichen Assoziationen.

Wie viel würde dieser Cocktail kosten? Wie viel ist es dir wert zu fühlen?

Wie sehr beeinflussen dich deine Gefühle im Leben? Wie sehr leiten sie dich? Findest du das gut? Solltest du mehr oder weniger auf deine Gefühle hören?

ICH FÜHLE ...

Eine der schwierigsten Übungen ist es, in sich hineinzuhören, zu fühlen und die Gefühle benennen zu können. Oft fehlen uns die Worte, um das Empfinden zu benennen. Allzu oft frage ich Klienten, wie es ihnen mit der Situation geht, und die Antwort lautet häufig: »Ich weiß nicht. Keine Ahnung, wie ich das beschreiben soll.« Bei der Cocktailübung wird es ihnen bewusster. Viele Menschen tun sich schwer, die aktuellen Gefühle im Körper wahrzunehmen und auch noch in Worten auszudrücken, denn es ist neu, nicht trainiert worden und somit schwer, die eigenen Emotionen zu fühlen und anderen mitzuteilen.

Nicht nur für dich persönlich wird ein erweiterter Emotionswortschatz hilfreich sein, sondern auch in der Kommunikation mit den Mitmenschen wird die folgende Auflistung von Gefühlen helfen. Denn alles, was einen Namen hat, kann besser wahrgenommen, verarbeitet und auch verstanden werden.

Jede Emotion, die wir benennen können,
wird wahrhaftig und fühlbar.

Oft reicht schon die Umformulierung von einzelnen Wörtern, um ein Umdenken und »Umfühlen« zu ermöglichen. So wirkt das Wort Liebe anders als das Wort Verbundenheit. Scham wirst du anders wahrnehmen als den Begriff Schuld. Ist es Zurückhaltung oder Angst, welches die Lage besser beschreibt? Für manche ist das Wort mitfühlend negativ behaftet, für andere positiv. Wie denkst du über das Wort Feigheit? Fühlt sich Feigheit anders an als die Worte Angst, Überforderung, Zerbrechlichkeit oder Eingeschüchtertheit? Welches Wort passt zu deiner Situation besser? Ekel oder Herabsetzung?

Traurigkeit oder Hoffnungslosigkeit? Wut, Bekämpfung, Intoleranz?

Lies dir in Ruhe jedes einzelne Wort in der Tabelle durch und versuche dieses zu fühlen. Kreise für dich wichtige und neuartige Formulierungen ein, um sie in deinen Alltag sowie deine Alltagssprache zu integrieren. Du wirst merken, dass du einen anderen Zugang zu deinen Gefühlen bekommen wirst.

Angst	Wut	Freude	Scham
Hilflosigkeit	Hass	Leichtigkeit	unwürdig
Sorge	Verachtung	Glücksgefühl	schuldig
Besorgnis	Intoleranz	Begeisterung	Schuld
Zurückhaltung	Genervt sein	Freudenfeuer	Rückzug
Vorsicht	Zurückweisung	Freudentaumel	Reue
Feigheit	Neid	Behagen	Buße
Zweifel	Rachsucht	Unbeschwertheit	Bestrafung
Misstrauen	Eifersucht	Sorglosigkeit	Bedauern
Entmutigung	Feindseligkeit	Unbekümmertheit	Bekennen
Zerbrechlichkeit	Aufgewühltheit	Leichtfertigkeit	Bemitleiden
Einschüchterung	Bekämpfung	Gedankenlosigkeit	Selbsterkenntnis
Mutlosigkeit	Krieg	Unbedachtheit	Beschämung
Befangenheit	Zerstörung	Befriedigung	Erniedrigung
Zaghaftigkeit	Vernichtung	Freude	Demut
Unbeholfenheit	Verteidigung	Einigkeit	Achtung
Scheu	Ausbruch	Entspannung	Anteilnahme
Ungläubigkeit	Konflikt	Harmonie	Entschuldigung
Skepsis	Spannung	Ausgeglichenheit	Selbstunterschätzung

Ekel	Traurigkeit	Überraschung	Liebe
Abscheu	Unglück	Neugierde	Anerkennung
Missachtung	Enttäuschung	Faszination	Dankbarkeit
Schrecken	Verzweiflung	Verwirrung	Zuneigung
Abneigung	Einsamkeit	Verwunderung	Sympathie
Antipathie	Schwermut	Erstarren	Verbundenheit
Verachtung	Niederge-schlagenheit	Entsetzen	Einigkeit
Herabsetzung	Depression	Aufsehen	Anziehung
Gering-schätzung	Trübseligkeit	Kitzel	Zärtlichkeit
Missfallen	Tief	Interesse	Frieden
Widerwille	Kummer	Betäubung	Vertrauen
Deklassierung	Hoffnungs-losigkeit	Begeisterung	Zuversicht
Abwertung	Verzagtheit	Zerstreutheit	Mut
Minderung	Leid	Starre	Herzlichkeit
Wertminde-rung	Ernst	Taubheit	Furchtlosigkeit
Verkleinerung	Herzweh	Steifheit	Lust
Abschlag	Leid	Antrieb	Enthusiasmus
Unterschät-zung	Bedürftigkeit	Fassungslosig-keit	Feuer
Verspottung	Beschränkung	Beachtung	Erregung

Bemerkst du, dass ein anderer Ausdruck zu einer anderen Gefühlslage führt? Spürst du, dass hinter dem Wort Angst so viel mehr Begriffe und Gefühle stecken? Siehst du, wie bunt und vielfältig die Gefühlswelt ist?

Notiere alle für dich wichtigen Worte. Schreibe diese nieder, um sie besser abspeichern zu können.

Welche zusätzlichen Wörter möchtest du in Zukunft verwenden, um folgendes Gefühl zu beschreiben? Notiere mindestens fünf »neue« Wortlaute!

Angst:

Wut:

Freude:

Scham:

Ekel:

Trauer:

Überraschung:

Liebe:

Gab es überraschende Formulierungen? Welche Ausdrücke haben deine Denkweise und Gefühlslage verändert?

Welche Wörter hast du entdeckt und dir beim Niederschreiben gemerkt, die du zum Beschreiben deines Gefühlszustandes benutzen möchtest?

Was konntest du für dich mitnehmen?

Nun frage ich dich abermals. Wie fühlst du dich jetzt?

Hast du andere Worte für die Beschreibung verwendet? Fühlt es sich nun anders an?

Gehe nun nochmals zurück zum Cocktailglas (Gefühlsmix) und verändere, wenn nötig, die gewählten Formulierungen bzw. ergänze Gefühlsnuancen, um der wahren Emotion näherzukommen.

Hast du das Gefühl, die Emotion nun besser eingefangen zu haben? Fühlst du dich nun verstandener? Erleichterter, weil du die richtigen Worte gefunden hast? Was macht die treffende Wortwahl mit dir?

____

____

____

____

Was macht es für dich für einen Unterschied, Gefühle der Angst benennen zu können?

____

____

Nichtbenanntes und -ausgesprochenes belastet einen selbst, das Miteinander und wird zu einem schweren Päckchen, das du auf deiner Reise durchs Leben immer mit dir herumträgst. Nicht nur unausgesprochene Gefühle sind ein Hindernis, auch Verdrängtes wird unweigerlich zu einer Last auf deinen Schultern.

Worte sind ein mächtiges Instrument.
Sie zerstören und heilen.

Worte sind Macht. Worte verleihen Macht und können verletzen. Worte können ein Seelenstreichler und Trostpflaster sein und zugleich das scharfe Messer in der Brust. Worte können heilen. Worte führen zu Verständnis - für sich selbst und sein Innerstes, aber auch zum Verständnis für das Verhalten anderer Menschen. Worte bringen Klarheit. Worte entlasten und heilen. Oder sie verletzen, töten und zerstören.

Du kannst dich selbst misshandeln, beschimpfen und entmutigen. Du kannst aber auch die Macht der Worte für dich nutzen. Du kannst deine Welt positiv formulieren und somit positiv gestalten. Du kannst dir Mut, Kraft und Dankbarkeit schenken, und du wirst es dann auch fühlen. Denn jeder Gedanke erzeugt das passende Gefühl. Kein Gefühl kommt ohne Gedanke (mehr dazu ab S. 111 Gedanken - Gefühle - Verhalten).

Gedanken erzeugen Gefühle.

Eine Klientin fragte mich mal bei einer Sitzung: »Kann das Gefühl nicht vorher da sein, ohne Gedanke? Ich habe ja an nichts gedacht, was das Gefühl ausgelöst hat!« Die Antwort lautet: »Nein!« Es ist nicht möglich. Ein Gefühl ist das Ergebnis eines Gedankens. Ja, nicht jeder Gedanke poppt groß in Leuchtbuchstaben auf und wartet, bis du ihn gelesen hast. Gedanken sind oft so schnell wieder weg, wie sie gekommen sind. Oft sind uns Denkprozesse nicht bewusst, aber trotzdem da und steuern dein Empfinden. Das Gehirn, dessen Verarbeitungsprozess und die Entstehung von Gefühlen ist komplex, aber nicht mutwillig, wirr und unergründlich. Nicht jeder Gedanke ist bewusst und wird konkret gedacht. Unser Gehirn hat über die Jahre viel abgespeichert. Manche Denk- und Handlungsprozesse sind automatisiert und fordern kein Nachdenken mehr. Unterdrücktes und Verdrängtes kann sich unterbewusst seinen Platz geschaffen haben und kommt erst mit einem Gefühl wieder an die Oberfläche. Auch Triebe, innerste Wünsche, Verlangen und Ängste spielen eine Rolle. Nicht jeder Gedanke wird bewusst gedacht und ist greifbar, doch gibt es kein Gefühl ohne vorherigen Gedanken.

Wenn du nicht vorher denkst: »Ich kann das nicht! Das ist zu gefährlich!«, wirst du auch keine Angst verspüren. Jemand, der an einen glückseligen Moment der Freude denkt, der wird sich auch gut fühlen. Beim Gedanken »Ich liebe ihn/sie!« kann man nur Liebe empfinden. Gefühle sind keine wirre Erscheinung, die grundlos auftaucht. Sie sind Symbole, Anzeichen für unsere Gedanken, für unser Innenleben. Und Gefühle sind immer wahr. Gefühle täuschen nicht, sie sind echt und können nicht manipuliert werden.

Achte auf deine Gedanken,
denn sie werden zu Worten.

Die Macht der Worte oder auch die Magie der Worte. Es macht einen gewaltigen Unterschied, ob ein Kind als ängstlich oder vorsichtig tituliert wird. Die Worte Entmutigung oder Hilflosigkeit erzeugen nicht dasselbe Gefühl wie das Wort Angst. Unsicherheit, Ungewissheit und Unbeholfenheit lassen jeden Menschen zögern, doch fühlt es sich für dich anders an, als wenn dies mit Ängstlichkeit benannt würde.

Achte auf deine Gedanken, denn sie werden zu Worten. Worte, die andere verletzen können oder auch ermutigen. Gedanken, die dich klein machen und dir den Mut rauben oder aber dich bestärken, liebevoll umsorgen und verständnisvoll aufmuntern.

Angst ist so viel mehr. Angst ist vielschichtig, genau wie jede andere der Basisemotionen. Bleibe nicht an der Oberfläche, nicht bei dir, nicht bei anderen. Blicke dahinter, sieh, fühle, was dahinter liegt. Nutze die Macht der Worte, um in dir andere Gefühle zu erwecken, die hilfreicher sind und dich voranbringen.

Warum ist es so wichtig, die Gefühle benennen zu können?

Hinter der Angst liegen oft andere Gefühle, die erst entdeckt werden, wenn diese beschrieben werden.

So kam Barbara zu mir, um an ihrem ständigen Zittern und an ihrer Unruhe zu arbeiten. Sie dachte, es sei Angst. Sie bekam von mir die Aufgabe, sich zu fragen, wie es ihr geht, und die Gefühle in Worte zu fassen. Mithilfe der Liste erarbeitete Barbara passende Begriffe. Es kam heraus, dass es keine Angst war, sondern Wut. Als ihr das klar wurde, haben wir die Gedanken hinterfragt, die zum Gefühl passen. Die Ursachenforschung wurde leichter, und so stellte sich heraus, dass sie wütend auf sich war, weil sie oft nicht die Wahrheit sagen konnte. Sie war wütend auf ihren Sohn und unterdrückte diese Wut. Auch das Verhalten war passend. Denn eines Nachts wurde sie munter und hatte das Bedürfnis, auf ein Poster einzuschlagen. Die Gedanken passten zum Gefühl und das Gefühl zum Verhalten. Somit konnten wir besser arbeiten, die Gründe eruieren und im nächsten Schritt hinterfragen und loslassen.

Meine Klientin Anja hatte ein ähnliches Problem. Auch sie kam aufgrund von Angstzuständen zu mir. Beim Beschreiben der Gefühle fanden wir heraus, dass nicht Angst das passende

Wort war, sondern Scham. Scham kam gepaart mit Angst, jedoch musste nicht die Angst gefühlt werden, sondern die Scham. Ihre Aufgabe bestand darin, Scham auszuhalten. Ihr geringes Selbstvertrauen kam von Schuldzuweisungen. Sie selbst fühlte sich falsch, beschämt, unzureichend. Sie übte sich in Fehlermachen und konnte mithilfe der Angstimpfung (siehe Kapitel 18, ab S. 313) durch schrittweises Annähern an beschämende Situationen und das Aushalten der Gefühle (wahrnehmen, fühlen, loslassen) ihr Selbstbewusstsein massiv steigern. Zusätzlich halfen ihr Affirmationen (siehe Kapitel 14, ab S. 261), bei denen sie sich immer wieder vorsagte: »Ich bin gut genug. Ich darf meine Meinung äußern. Ich bin liebenswert. Ich bin mutig und stark.«

Gefühle zuzulassen, diese wahrzunehmen und zu fühlen, ist wichtig, um diese wieder loslassen und vorbeiziehen lassen zu können. Außerdem kann man durch die Beschreibung der Gefühle herausfinden, was wirklich die Ursachen und Gründe für die Gefühle und das Verhalten sind. Du wirst erstaunt sein, wie viele Facetten deiner Gefühlswelt es gibt und was sich alles hinter diesen erlebten Emotionen verbirgt. Es wird dir helfen herauszufinden, warum du so fühlst, wie du fühlst.

WIE GEHT ES MIR? WAS BRAUCHE ICH?

Wochenaufgabe: Frage dich jeden Tag abends vor dem Zubettgehen: »Wie geht es mir?«

Benenne deine Gefühle. Versuche, das wahrzunehmen, was in dir ist. Sei still und höre dir zu. Was geht in dir vor? Was spürst du? Wie lautet die für dich passende Beschreibung?

»Wie geht es mir?« Eine Frage, vier Worte, die einiges auslösen können. Vier Worte, die dich zu einer intensiven emotionalen Unterhaltung mit dir selbst führen und dich dich selbst erforschen lassen, einiges stärker fühlen lassen. Danach wäre die passende Frage: »Was brauche ich?«

Allen Fleißigen oder überaus Motivierten empfehle ich, sich diese Frage mehrmals am Tag zu stellen. In der Früh, bevor das Haus verlassen wird, zu Mittag, wenn du eine Pause machst, und abends, nachdem alles für den Tag erledigt worden ist.

Wie geht es mir?

Was brauche ich?

Wie geht es mir?
Was brauche ich?

Genau diese zwei Fragen »Wie geht es mir?« und »Was brauche ich?« liefern dir die Antwort für dein glückliches Leben.

Diese Antworten kannst nur du dir geben, und sie werden sich tagtäglich ändern. Nur wenn du mit dir kommunizierst, auf dich hörst, dein Innerstes wahrnimmst und reflektierst, wirst du zu einer stärkeren, gelasseneren Persönlichkeit, die im Reinen mit sich ist und sich nicht mehr von äußeren Umständen von ihrem Weg abbringen lässt. Eine schöne Vorstellung, oder?

Diese wichtigen und nachhaltigen Fragen zur täglichen oder wöchentlichen Selbstreflexion habe ich auch im *Workbook* »Meine Reise zu mir selbst« zusammengefasst, um ein Handwerkszeug für Selbstliebe, Selbstakzeptanz und Wachstum zu schaffen.

Du wirst sehen, dass dir diese Fragen mit der Zeit mehr Zugang zu dir selbst und deinem Innersten verschaffen werden. Du wirst dich stärker fühlen, weil du dich verstehst und in Verbindung zu dir bist. Du wirst auch bemerken, dass Gefühle kommen und gehen. Stell dir am besten vor, dass Gefühle durch dich durchfließen. Sie sind temporär, kein endgültiger Zustand. Alles vergeht. Jede Freude findet ein Ende, jedes Angstgefühl verschwindet wieder, und jede Überraschung vergeht. Auch der Ekel bleibt nicht konstant erhalten. Es ist vergänglich. Das ist das Schöne und zugleich Traurige an Gefühlen.

Gefühle kommen und gehen.
Sie sind nur auf Durchreise.

Deshalb halte dich nicht zu sehr an ihnen fest. Sie sind ohnehin nicht festzuhalten. Gefühle sind nur auf Durchreise durch deinen Körper, ein imaginärer Highway für Lkw-Fahrer, die ihren Anhänger mit einer Menge Emotion gepackt haben. Sie halten mal an, machen Pause, lassen dich das Gefühl spüren und machen sich dann aber wieder mit vollem Emotionsgepäck auf ihren Weg davon. Es fühlt sich oft surreal an, wenn es ein kurzes, aber so intensives Treffen war und dann so überraschend wieder verschwindet. Alles ist dann wieder leer, neu, frisch, bereit für die nächste Lkw-Ladung voller Emotion.

Male auf diesen Körper kleine Lkws mit diversen Gefühlen. Versuche dir vorzustellen, wie über deinen Arm eines dieser Gefühle fährt, dich fühlen lässt und sich dann wieder verabschiedet. Zeichne überallhin kleine Fahrzeuge mit Gefühlsladungen, die mal anhalten und doch wieder weiterziehen. Winke ihnen hinterher und wünsche ihnen eine schöne Weiterreise.

Stelle es dir ganz genau vor, auf deinem Körper. Fühle, nimm wahr, atme tief durch und erlebe die spannende Reise an Gefühlen. Lasse sie kommen und gehen. Verabschiede dich, lasse sie wieder von dannen ziehen und nicht verweilen. Trauere ihnen nicht nach. Sie werden wiederkommen, zu Besuch. Sie werden dich auch wieder verlassen, ihren Anhänger füllen und nochmals den Weg zu dir finden. Alles ist vergänglich. So ist das Leben. Empfangen und loslassen.

Wie war diese Übung für dich? Was hast du gelernt?

Nicht festzuhalten, nicht traurig zu sein, wenn schöne Gefühle verschwinden, aber auch nicht enttäuscht sein, wenn Traurigkeit oder Scham vorherrscht, ist schwierig. Gefühle anzunehmen, zu schätzen und nicht zu beurteilen, das ist die Aufgabe. Denn glücklich ist man im Hier und Jetzt, wenn man jedes Gefühl, das sich derzeit breitmacht, annimmt, spürt, schätzt und wieder ziehen lässt. Jedes Gefühl hat seine Berechtigung. Jedes deiner Gefühle ist wahr und gut so. Gefühle sind echt, unverfälscht und nicht zu manipulieren. Das bist du. Du fühlst, du lebst - was für ein wunderbares Geschenk!

Jede Emotion ist gut und
hat ihre Daseinsberechtigung.
Auch die Angst.

Auch wenn es auf den ersten Blick so scheint, als wäre nur die Freude ein gutes Gefühl, solltest du dir immer Folgendes in Erinnerung rufen: Jede Emotion ist gut und hat ihre Daseinsberechtigung. Jede Emotion hat ihren Grund und macht Sinn.

Sie zeigt dir, was du denkst. Sie schützt dich, sie macht dich aufmerksam und weist dir den weiteren Weg. Jede Emotion ist wichtig. Jede Emotion soll dir etwas zeigen. Jede Emotion gehört zum Leben dazu.

Ein sehr lebhaftes Kind wurde zu mir geschickt. Bei dem Zwölfjährigen wurde eine Lernschwäche vermutet sowie ADHS. Der Junge musste immer wieder aufstehen, war unruhig, konnte sich schwer konzentrieren und musste sich immer ablenken. Ich verwandelte die Aufgabe in eine Challenge: »Ich wette, du schaffst es nie, drei Minuten ruhig sitzen zu bleiben, nichts zu sagen und nichts zu tun!« »Klar, kann ich das!«, erwiderte er und saß plötzlich mit starrem Blick zur Wand da. Am Anfang war die Motivation hoch und das Ziel vor Augen, sodass es gut klappte. Dann merkte ich, wie die innerliche Unruhe zurückkam. Seine Augen bewegten sich schneller, der Fuß wollte zucken. Traurigkeit machte sich in seinem Gesicht breit. Die Mundwinkel zeigten nach unten, die Gliedmaßen hingen schlaff herunter. »Geschafft«, mit diesen Worten beendete ich die herausfordernde Aufgabe. »Was hast du gefühlt?« »Ich wollte mich bewegen, ich habe mich gelangweilt.« »Mmh, du sahst eher traurig oder ängstlich als gelangweilt aus. Warst du traurig?« »Ach so, ja. Das könnte sein.« Danach arbeiteten wir die Gefühle heraus, wie der Junge sie wahrnimmt, wo sie spürbar sind und wann sie auftauchen. Die Unruhe war eine Ablenkung von negativen Gefühlen wie Angst, Scham und Traurigkeit. Zu Hause wurde viel gestritten, was in ihm die Angst auslöste, dass sich die Eltern trennen. In der Schule tat er sich auch nicht leicht, auch da war er frustriert, enttäuscht von sich selbst und entzog sich gerne dem Leistungsdruck. Nachdem wir gemeinsam an seinem Umgang mit den Gefühlen gearbeitet hatten, wurde die Nervosität besser, die gefühlte innerliche Unruhe wurde weniger, die Konzentration stieg.

GEFÜHLE ZULASSEN

Alle Emotionen sind normale und gesunde Reaktionen auf Ereignisse. Gefühlszustände sind temporär. Gefühle treten nur vorübergehend auf und somit auch ihre psychischen Folgen.

Es macht keinen Sinn, Gefühle zu unterdrücken. Vielleicht ist die Unterdrückung oder Ablenkung von Angst oder Wut der einzige Weg, den du bisher kennst. Dieses Verhalten hat dir in der Vergangenheit geholfen, oder du hast gesehen, dass es anderen geholfen hat. Vielleicht hast du gesagt bekommen, dass dies der richtige Weg sei, mit Gefühlen umzugehen. Erlernte Glaubenssätze wie »Wer Angst hat, ist schwach«, »Männer sind stark«, »Gefühle sind ein Zeichen von Schwäche«, »Sei nicht so sensibel«, »Freu dich nicht zu früh« beeinflussen den Umgang mit dir selbst und lassen deine Gefühlswelt verkümmern.

Diese Entscheidung birgt massive Folgen. Unterdrückte Gefühle sind im wahrsten Sinne des Wortes nur weggedrückt worden, aber noch da, klein gemacht und in einer Ecke des Körpers verstaut. Gefühle gehören jedoch gespürt und zugelassen, um sie wieder von dannen ziehen zu lassen.

Du kannst nicht heilen, wenn du so tust,
als ob du nicht verletzt wärst.

Frage dich selbst: Wurde und wird in der Familie Trauer gelebt? Ist es erlaubt, wütend zu sein? Darf man Angst haben, diese aussprechen und zeigen? Wie wurde Freude ausgedrückt, oder wurde diese sogar unterdrückt? Hat dein Vater Gefühle zugelassen bzw. zulassen dürfen? Hat deine Mutter Angst haben oder traurig sein dürfen? Durften Gefühle ausgesprochen werden und wurden angenommen? Oder mussten Gefühle unterdrückt und verdrängt werden?

Welche Gefühle sind in deiner Familie erlaubt und gelebt worden?

Welche Gefühle sind in deiner Familie verpönt oder verboten gewesen?

Welches Verhalten musstest du zeigen und wurde dir von deiner Familie »nahegelegt« oder vorgelebt?

Was denkst du über Gefühle? Sind diese wichtig? Oder lästig? Welchen Stellenwert haben sie für dich?

Wie beeinflussen sie dein Leben?

Was denken deine Eltern über Gefühle? Wenn ja, was und welche?

Sprichst du mit Freunden über Gefühle? Wenn ja, was und über welche?

Gibt es Gefühle, die du nicht gerne ansprichst, erwähnst und verdrängst? Warum?

Gefühle machen dich menschlich.
Gefühle sind ein Zeichen
von Leben und Lebendigkeit.

Gefühle sind wesentliche Elemente, die dich als Mensch ausmachen und von Pflanzen, Möbeln und Küchengeräten unterscheiden. Gefühle machen uns lebendig und somit auch das Leben spannend und aufregend. Wenn Gefühle unterdrückt werden, sagen wir uns, dass wir nicht so sein dürfen, wie wir sind. Du sagst dir, dass du nicht so fühlen darfst, wie du dich fühlst. Du sagst dir, dass deine Gedanken und Taten falsch sind. Du zeigst dir, dass du falsch bist.

Unterdrückst du deine Gefühle, unterdrückst du einen wichtigen Teil von dir. Du sagst dir durch die Blume, dass deine Gedanken und du selbst nicht so sein dürfen, wie sie sind. Du sagst dir, dass du nicht richtig bist, falsch denkst und somit falsch fühlst. Die Diskrepanz zwischen dem, wer du sein willst und was du im Moment bist und fühlst, führt dann zu Unzufriedenheit, Minderwertigkeit und innerlichem Chaos.

Was unterscheidet dich von deinem Esstisch und der Nachttischlampe? Nenne mindestens sechs Dinge!

____

____

____

____

____

____

Ein Leben ohne Gefühle – wie würde dieses aussehen? Was würde dir fehlen?

Warum bist du froh, ein Mensch zu sein und nicht der Wasserkocher oder der Kleiderschrank? Was ermöglicht dir das Menschsein? Nenne mindestens sechs Gründe!

Die wesentlichen Elemente, die uns Menschen ausmachen, sind Gedanken, Gefühle und der Körper. Wir können denken und unser Leben beeinflussen. Wir können Entscheidungen treffen, wir wachsen, wir entwickeln uns. Wir lieben und werden geliebt. Wir haben Schmerzen und leiden. Wir heilen oder sterben. Eine Nachttischlampe kann man reparieren oder zusammenkleben. Im Notfall kauft man eine neue. Den Menschen kann man operieren, ein künstliches Herz einbauen, aber ersetzen kann man ihn nie vollständig.

Um sich lebendig zu fühlen, müssen alle drei Ebenen (Kopf: Gedanken, Bauch: Gefühle, Körper: Verhalten, Reaktion) erlebt werden und Aufmerksamkeit bekommen - das ist Leben.

Unterdrücken wir Gefühle,
unterdrücken wir
einen wichtigen Teil von uns.

Da es schwerfällt, nur bestimmte Gefühle auszublenden, werden beim Leugnen und Wegdrücken von Gefühlen alle Emotionen immer mehr eingedämmt. Es funktioniert nicht, nur ein Gefühl zu unterdrücken. Bei diesem Versuch wird das gesamte Fühlen abgestellt. Eine Mauer baut sich immer mehr auf, wird dicker, undurchdringlicher. Hinter der Mauer wird es kälter und einsamer.

Emotionen sind wichtig für ein gesundes glückliches Leben. Denn wie soll ein Leben glücklich sein, wenn dieses Gefühl der Freude nicht vorherrschend ist? Wie kann Freude in dein Leben kommen, wenn es die Angst, Wut und Trauer nicht darf? Deine Gefühle sind da, um gefühlt zu werden. Das ist ihre Funktion. Sie wollen dir etwas mitteilen. Hör zu, was sie dir sagen wollen.

Gefühle machen dich menschlich.
Gefühle sind ein Zeichen von Leben
und Lebendigkeit.

Wenn Menschen davon sprechen, eine Blockade zu haben, dann haben sie oft Angst vor einer bestimmten Situation und den Gefühlen, die dabei entstehen könnten. Es ist also die Angst vor einem Gefühl. Doch wäre dies wirklich so schlimm? Was wäre, wenn du deine Gefühle zulässt und fühlst? Würde es dich umbringen? Würde es dich auf innere Verletzungen aufmerksam machen? Würde es dir zeigen, was du wirklich von dir und der Welt denkst? Würde es dich zu neuen Erkenntnissen führen und vielleicht sogar heilen?

Was passiert, wenn du deine Gefühle zulässt?

Was passiert, wenn du deine Gefühle nicht zulässt?

Wovor hast du Angst? Was könnten dir deine Gefühle verraten?

Welche Macht bekommst du, wenn du deine Gefühle zulässt?

Was verlierst du, wenn du deine Gefühle nicht zulässt?

Wenn du deine Gefühle zulässt,
entfaltest du dein Potenzial und lebst
deine wahre Macht.

GEFÜHLE LOSLASSEN

Gefühle heißen so, weil sie gefühlt werden sollen. Fühlen, spüren, leben und wieder loslassen. Das Leben ist ein Sammelbecken für Kommen und Gehen. Immer wieder ist es ein Empfangen und Loslassen. Geburt und Tod. Das ist ein Umstand, den es zu akzeptieren gilt. Auch Gefühle kommen und gehen. Sie sind für einen gewissen Zeitraum da und verlassen unseren Körper dann wieder. Es bringt nichts, daran festzuhalten, nachzutrauern oder diese von Beginn an zu vermeiden. Zulassen, fühlen und loslassen.

Um das Gehenlassen leichter zu machen, hilft eine Visualisierung. Hier eignen sich vor allem drei mögliche Vorstellungsbilder: **abfließen, verdampfen, einhüllen**

Du kannst nicht heilen,
wenn du nicht durch
deine Verletzlichkeit wanderst.

Abfliessen

Stell dir vor, wie das Gefühl wie ein zarter Wasserstrahl an deinem Körper hinabfließt und zu Boden fällt. Jede Emotion in einen kleinen Tropfen verpackt verlässt deinen Körper über deine Haut und kommt am Boden auf. Immer leichter fühlt sich dein Körper an, mit jedem Wassertropfen, der dich verlässt.

Verdampfen

Lasse die Emotion verdampfen. Über deinem Kopf steigt weißer Rauch auf. Ein zarter Nebel umgibt jede Körperstelle und lässt die Gefühle sprichwörtlich verdampfen. Die Gefühle und

Gedanken verlassen deinen Körper, steigen in Rauch auf und machen dich Stück für Stück freier und leichter.

Einhüllen

Stell dir vor, dich umgibt eine durchsichtige Hülle, die dich schützt. Es kann ein Gummiball sein, der alles abfedert, oder ein harter Plastikball, der dich sicher fühlen lässt. Hier bist du sicher, kannst alles sein, was du sein willst. An diesem Ort kannst du du sein, kannst du fühlen und spüren. Alles, was dir nicht guttut, verbannst du aus der Hülle. Stell dir bildlich vor, wie du es durch diesen Ball schießt, wie es deinen sicheren Ort verlässt und ausgesperrt ist. Das Gefühl oder auch die belastenden Gedanken und Verhaltensweisen verschwinden außerhalb deiner sicheren Kugel. Sieh vor dir, wie alles Negative nun von dir fernbleibt und nicht mehr durch die Abtrennung kommt. Du kannst es nun in Ruhe beobachten, ohne dass es dich einnimmt oder belastet. Betrachte es. Es kann dir nichts mehr tun.

Die Schutzhülle eignet sich auch besonders gut für Ängste. Denn Angst zeigt häufig an, dass dir die Sicherheit fehlt. Diese bekommst du in deiner undurchdringlichen Glaskugel. Hier kann dir nichts passieren, hier bist du sicher und unverwundbar. Auch Kritik kann bildlich an dieser Kugel abprallen und wie ein Gummiball die kritischen Worte von dir wegschießen.

Gedanken können dir
eine Schutzhülle zaubern,
aber auch 10 kg Last
auf den Schultern.

Übe dich in den drei Vorstellungsbildern.

Wie fühlt es sich an? Beschreibe, wie dies aussieht. Vergiss nicht, Farben, Materialien, die Umgebung und dich selbst detailliert zu beschreiben. Notiere, was du vertreibst, wie du es vertreibst und es dich verlässt. Schreibe nieder, wie es dir davor und danach geht.

Abfließen

Verdampfen

Einhüllen

Welche Vorstellung hat dir am meisten gefallen und geholfen?

BEWERTUNG

Den Auslöser zu finden und die dadurch ausgelöste Emotion zu verstehen hilft, um dessen Berechtigung zu prüfen. Auch wenn das Gefühl von Angst wahr ist und jetzt gefühlt wird, heißt es nicht, dass die Angst notwendig ist. Muss ich mich jetzt ängstlich fühlen? Hat das Gefühl seinen Platz verdient? Oder schätze ich die Situation als zu gefährlich ein? Kann es sein, dass ich mir zu viele Sorgen mache, mir zu wenig zutraue oder ein zuvor ergangenes Erlebnis bewerte und nicht die Sachlage jetzt?

In den meisten Fällen bewerten wir nicht die aktuelle Gegebenheit, sondern ein Erlebnis aus der Vergangenheit. Weil ein Flug mal sehr turbulent war, werden alle weiteren Flugreisen unerträglich, da immer wieder Bezug auf das eine schreckliche Erlebnis genommen wird. Weil man einmal verlassen wurde, hat man immer wieder Angst, verlassen zu werden. Weil man sich beim Tennisspielen mal blamiert und versagt hat, ist Tennis »böse«, wird gemieden, und das Wort alleine reicht aus, um zurückkatapultiert zu werden zur vergangenen Situation und in deren Gefühlswelt.

Einerseits ist das gut, dass sich der Mensch an schreckliche, schmerzende Ereignisse erinnert, da der Mensch sich bedrohliche und gefährliche Situationen merken soll, um sein Überleben zu sichern. Andererseits wird dadurch keine realistische Einschätzung neuer neutraler Ereignisse möglich.

Jeder Sachverhalt, jede Situation, jede Erfahrung, jeder Gegenstand, jede Person ist zuerst neutral. Wir Menschen geben diesem erst eine Bewertung. Diese Bewertung führt dann zu einer positiven freudigen Haltung oder einer ablehnenden negativen Einstellung dazu. Dieser Bewertungsprozess passiert so schnell, dass die Gedanken dazu, die die Gefühle auslösen, kaum wahrzunehmen und festzuhalten sind.

Deinen erlernten und auch zum Großteil automatisierten Bewertungen, vor allem bei Angstauslösern, gehen wir im Kapitel »Angstentstehung - neutral war gestern« auf die Spur.

Personen und Situationen sind neutral.
Die eigene Bewertung stuft diese
als gut oder schlecht ein und löst die
passenden Gefühle aus.

Nehmen wir das Wetter als Beispiel her. Regen - neutral. Wasser tropft vom Himmel. Ob wir diesen mögen oder nicht, entscheidet die eigene Bewertung. Gedanklich wird ein Plus oder Minus vergeben, was natürlich auch im Körper spürbar ist und andere Menschen an unserer Mimik und Gestik erkennen. Ein nach unten gezogener Mundwinkel und verschränkte Arme mit einem Stöhnen zeigen eindeutig die Abneigung und negative Wertung. Im Gegensatz dazu kann ein Lächeln gepaart mit einer aufrechten offenen Körperhaltung die Freude symbolisieren, die bei der positiven Evaluierung entstanden ist.

Arbeit - ein Muss für jede Person, um die eigenen Grundbedürfnisse wie Essen, ein Dach über dem Kopf, Sinnhaftigkeit, Verantwortung und Sicherheit decken zu können. Je nachdem, was in der Arbeit alles passiert ist, werden immer mehr Informationen und Bewertungen gesammelt. Die imaginäre Plus-Minus-Liste füllt sich. Dabei sind die negativen Aspekte viel einprägsamer, da diese ja vermieden werden sollen. Hat man das Gefühl, mehr Fehler zu machen als gute Arbeit oder von mehr Kollegen abgelehnt als geschätzt zu werden, dann wird der Weg zur Arbeitsstätte immer mehr zur Belastung. Umso länger man diesen Gedanken erliegt und die Liste weiterfüttert, ohne gründlich nachzudenken und die eigenen Gefühle und Bewertungen zu hinterfragen, wird die Arbeit selbst, und jeder zukünftige Job an sich, schwierig, da alte Erlebnisse hervorgeholt werden, um die neue ähnliche Situation einschätzen zu können.

Wir vergeben ein innerliches
Plus oder Minus.

Lebenslanges Lernen heißt es und ist vor allem bei den Bewertungen klar ersichtlich. Denn mit jedem Lebensjahr sammeln wir mehr Erfahrungen, mehr Bewertungen, mehr Beweise für manche Glaubenssätze und erschaffen uns immer mehr unsere eigene kleine Welt, die außer uns niemand sieht.

Die Welt ist stetig im Wandel, das Leben ist Verwandlung, Wachstum und Veränderung. Warum sollten sich dann nicht auch unsere Gefühle verändern oder alte Bewertungen und deren Glaubenssätze verändern können?

Stillstand ist nahe dem Tod. Das Leben nach dem Tod ist still, ist ruhig, ist nicht mehr spürbar. Stillstand ist still, wenig aufregend, gleich, monoton, sicher. Das Leben könnte dem eines Kleiderschranks, Teppichs, einer Bushaltestelle oder Tischunterlage gleichen. Stille kann Ruhe sein, angenehme Entspannung, geistige Ruhe und Zufriedenheit. Vermehrt ist Ruhe und Stillstand ein Angstverhalten, eine bewusste Vermeidung des Lebens und der damit einhergehenden Veränderung.

Ein schöneres und vielleicht leichter anzunehmendes Wort als Veränderung ist Verwandlung. Verwandlung hat etwas Magisches an sich, erinnert an das Wort verzaubern. Verzaubere deine Welt, wenn du sie nicht verändern möchtest. Setze dir gedanklich deinen Zauberhut auf. Packe deinen edlen Zauberstab aus Eschenholz aus, sprich die magischen Worte und verwandle!

Verwandle Angst in Liebe.
Verwandle Sorge in Vertrauen.
Verwandle Wut in Gelassenheit.
Verwandle Widerstand in Akzeptanz.
Verwandle Scham in Selbstliebe.
Verwandle Ablenkung in Selbstreflexion.
Verwandle Probleme in Lösungsschritte.

Was empfindest du beim Lesen dieser Sätze?

Was bedeutet für dich lebenslanges Lernen?

Warum ist Veränderung wichtig im Leben?

Was soll dein Zauberstab verwandeln?

6.

Angstentstehung

Angst ist ein Gefühl. Angst ist ein körperlicher Zustand. Angst kann eine Krankheit sein.

Angst, was ist das?

Angst ist die psychische und physische Reaktion auf eine Bedrohung. Wenn uns eine gefährliche Situation begegnet oder wir uns gedanklich dieser nähern, wird die Angst mit all ihren Begleiterscheinungen mobilisiert.

Angst läuft auf vier Erlebensebenen ab (dieses Modell basiert auf dem Dreiebenenmodell von P. J. Lang):

Emotional: Angst, Hilflosigkeit, Überforderung

Physiologisch: erhöhter Herzschlag und Blutdruck, schnelle Atmung, verstärkte Durchblutung und Aktivierung der Muskulatur, Sensibilisierung des Gehörs etc.

Kognitiv: verzerrte Wahrnehmung, Konzentration auf angstrelevante Reize, Gedankenkreisen, Erleben der Zukunft, gedanklich beim Worst-Case-Szenario

Verhalten: Fluchttendenzen, Aggressivität, Erstarren

All dies ist wichtig, um optimal auf Angst zu reagieren und eine mögliche Gefahr zu bewältigen. Die Emotion Angst aktiviert den gesamten Körper, lässt die Muskeln anspannen, damit maximale Kraft zur Verfügung steht, erweitert die Atemwege, damit genug Sauerstoff ins Blut und zu deinen Muskeln kommt. Durch diese Aktivierung können wir schneller laufen, besser kämpfen und mehr als doppelt so viel leisten als im entspannten Ruhezustand. Alles, was ablenken könnte, wird ausgeblendet. Die Konzentration gilt der Gefahr. Daher erweitern sich die Pupillen, um nicht zu übersehen, was gefährlich werden könnte. Auch das Gehör wird optimiert, um keinerlei Gefahren zu überhören. Die Situation wird eingeschätzt sowie die eigenen Fähigkeiten, diese zu bewältigen. Kampf, Flucht oder doch lieber tot stellen?

ANGEBOREN & WICHTIG

Wichtiges vorab: Ohne Angst könnten wir nicht überleben. Wir würden von hohen Gebäuden springen, ohne mit der Wimper zu zucken, oder durch Feuer laufen, ohne an die tödlichen Konsequenzen zu denken. »Mit Messern jonglieren? Na klar!«, würde ein Mensch ohne Angstempfinden sagen.

Angst zeigt die psychische Gesundheit des Menschen, da der Überlebensinstinkt vorhanden ist. Angst zeigt, dass du am Leben bleiben möchtest. Angst zeigt, dass du dich und dein Leben genug liebst, um es zu schützen und zu behalten.

Dieses Warnsignal gab es schon in der Steinzeit. Wenn ein gefährliches Tier, wie zum Beispiel ein Säbelzahntiger, vor uns stand, mussten wir reagieren. Hier konnten wir nicht entspannt auf der Erde liegen bleiben und weiterhin versuchen, Nüsse aufzuknacken. Die Alarmglocken sollten jede Form von Ruhe und Entspannung stören. So schrill und hell, wie das Alarmsignal einer Feueralarmübung in der Schule, sollten sie innerlich ertönen, um deine Aufmerksamkeit zu bekommen. Ohne Angst wäre die Menschheit nicht fähig gewesen zu überleben. Angst ist also wichtig, angeboren und ein wertvoller Schutzmechanismus. Und auch heute noch solltest du die Beine in die Hand nehmen, wenn der Ruf »Feuer!« ertönt. Die Angst vor spitzen Gegenständen, Höhe und Dunkelheit liegt in unseren Genen und ist evolutionär bedingt. Es ist gut, dass wir vorsichtiger sind, wenn wir einen Berg hinaufklettern, dass sich unser Gehör schärft und unsere Augen groß werden, um nichts zu übersehen. Es ist gut, leichte Angst oder auch Stress zu verspüren, wenn wir alleine durch eine dunkle Gasse gehen, um schnell reagieren zu können. Unser Körper schützt uns, die Angst- und Stressreaktion ist wichtig. Denn in einem entspannten Zustand würden wir nicht die nötige Kraft, die Konzentration und den Scharfsinn besitzen, um unser Überleben zu sichern.

Angst zu haben zeigt
die psychische Gesundheit des Menschen.

Doch wie oft warst du wirklich schon in Lebensgefahr? Wie oft hatte der schrille Weckruf seine Berechtigung? Und wie oft haben sich deine Sorgen als unwichtig herausgestellt? Wie oft haben dich Angstgedanken deine Freude, Ruhe und Entspannung gekostet? Unsere Alarmglocken sind nicht immer gut eingestellt worden bzw. lösen zu oft Fehlalarme aus.

ANGST ENTSTEHT IM KOPF

Angst entsteht im Kopf. Denn wann die Alarmglocken läuten, bestimmen deine Gedanken. Wann fühlst du dich bedroht? Warum fühlst du dich in Gefahr? Nicht die Situation selbst macht dir Angst, sondern die Vorstellung von dem, was passieren könnte. Im Hier und Jetzt ist alles gut, doch der schlimmstmögliche Ausgang bereitet dir Kopfzerbrechen und schürt die Angst. Nicht der Säbelzahntiger ist der Angstauslöser, sondern der Gedanke an den Kampf, den man verlieren könnte, an die Verletzungen, die man erfahren könnte, oder auch an den eigenen Tod.

Im Schwimmbad stehst du mit beiden Beinen fest auf dem Boden. Die Sonne scheint und wärmt den Asphalt unter dir. Alles ist gut. Dir geht es gut. Du siehst hoch zum Springturm. Du siehst zu, wie Kinder vom höchsten Punkt, dem Zehn-Meter-Springbrett, ins Wasser stürzen. Da geht das Kopfkino los. Du siehst dich am Sprungbrett. Du siehst den Abgrund vor dir und das kalte, gefährliche Blau unter dir. Du empfindest Angst. Eine falsche Bewegung in dieser Höhe, und du könntest dich verletzen. Vielleicht müsstest du den Job wechseln, weil du dir es nicht leisten kannst, in Krankenstand zu gehen. Sollte es noch schlimmer sein und du durch einen Aufprall am Beckenrand gelähmt werden, würde das deinen Partner stark belasten. Der Verlust der geliebten Person schmerzt genauso, als wenn du ihn nur noch zur Pflege von dir einspannst. Auch die Wohnung müsstest du aufgeben, da diese nicht ebenerdig ist. Und so läuft die Horrorvorstellung im Kopf weiter, obwohl du mit beiden Beinen fest im warmen grauen Asphalt stehst, die Sonne scheint, alle um dich herum lachen und keinerlei Grund zur Sorge gegeben ist. Auf das Sprungbrett wirst du dich nicht trauen.

Angstgefühle, Sorgen und Zweifel haben diese negative Zukunftsvorstellung ausgelöst. Die mögliche Konsequenz einer Handlung, die noch nicht real ist und in den seltensten Fällen wahr wird. Dein Kopf spielt dir einen Streich. Auch wenn Angst dich grundsätzlich schützen möchte, verhält sie sich häufig wie eine überbesorgte Gluckenmutter, die dir die Freude an alltäglichen schönen Erlebnissen nimmt. Diese besorgte Mutter, die Angst, übertreibt es mit dem Schutz, weil sie dich so sehr liebt. Immer an deiner Seite warnt sie dich vor all den möglichen Gefahren in dieser Welt, ohne zu merken, dass sie dich damit unnötig belastet und herunterzieht.

Denn der Fokus auf Fehler, Gefahren und alles Schlechte kann zu einer Gewohnheit werden, welche zu einer selektiven Wahrnehmung führen kann und die Realität verzerrt. Selektive Wahrnehmung bedeutet, nur noch das wahrzunehmen, was in das eigene Weltbild passt. Man nimmt nicht die Gesamtheit der Situation wahr, sondern nur noch kleine Ausschnitte, auf die man aufgrund von Vorbelastungen gezielt achtet. Jemand, der die Welt für gefährlich hält, nimmt nur wahr, was zu dieser bedrohlichen Welt voller Gefahren passt - das sind natürlich nur die Risiken, Wagnisse und negativen Folgen von Handlungen. Natürlich kann immer etwas schiefgehen. Aber es kann auch so viel Schönes passieren.

Es ist schön, wenn sich jemand um uns und unser Wohlbefinden sorgt, aber nicht, dass unsere Welt, in der sich unser Leben abspielt, nur noch von Ängsten, Gefahren, Sorgen und Zweifel erfüllt ist. Niemand würde sich hier aufhalten wollen, geschweige denn bis zu seinem Lebensende verharren wollen.

Angst ist ein Zeichen von Selbstliebe und Lebenswille.

Im Grunde nimmt sich jeder Mensch so selbst die Freude und sein Glück. Prinzipiell entscheidet der Mensch selbst, was er in der Welt sehen möchte und somit erleben und fühlen möchte. Es ist immer eine Sache der Perspektive, der persönlichen Einstellung und der Erfahrung.

Das, was wir wahrnehmen wollen, werden wir finden. Das, was wir wahrnehmen, können wir bewerten. Das, was wir bewerten, können wir (zer)denken.

Nur das, was wir wahrnehmen,
können wir bewerten.

Angst wird unterschiedlich schlimm erlebt, je nachdem, wie die Bewertung der Situation und die der eigenen Kompetenz ausfällt. Diese Bewertung unterliegt nur deiner persönlichen Einschätzung und nicht unbedingt den tatsächlichen Fakten oder der Realität. Da wir dazu neigen, bei uns selbst kritischer zu sein als bei anderen Menschen, fällt die Bewertung der eigenen Person meist deutlich schlechter aus. Mit uns selbst gehen wir oft sehr kritisch ins Gericht. Zum Beispiel ist ein Freund von mir kürzlich umgezogen - so wie ich selbst auch. Er hat sich fürchterlich geschämt für das Chaos, die herumstehenden Kisten und die noch nicht fertige Wohnung. Ich, der Besucher, hat nicht mal die Hälfte wahrgenommen, was in seiner Aufzählung, was noch nicht alles fertig ist und ihn stört, vorgekommen ist. An einem »Bad Hair Day« fühlen wir uns selbst nicht schön, sehen immer wieder die schlecht sitzenden Haare, obwohl uns die Arbeitskollegen versichern, wir sähen doch aus wie immer. Ein Kratzer auf einem Tisch wird uns stören, wenn wir ihn wahrnehmen und immer wieder als störend bezeichnen. Dieser wird uns immer wieder ins Auge stechen, obwohl andere den minimalen Schönheitsfehler nicht sehen und schon gar nicht als störend empfinden. Zu uns selbst sagen wir oft Sätze wie »Das war aber blöd von dir«, »Du bekommst nichts auf die Reihe!«, »Du hast schon wieder einen Fehler gemacht!«, »Du bist dumm!« oder »Du bist ängstlich und zu schwach, um es zu schaffen!«. Derartige harte und verletzende Sätze würden wir zu keinem anderen sagen, schon gar nicht zu einem guten Freund oder einer geliebten Person. Diese Sätze verletzen, machen klein und geben einem das Gefühl, minderwertig zu sein. Selbst wenn wir anderen Menschen zutrauen, vom Sprungbrett zu springen, halten wir uns selbst für zu schwach.

Wenn du die Sicht auf etwas veränderst,
ändert sich die Sache selbst.

Wie gefährlich ist die Situation tatsächlich?

____

____

____

Tut sie weh?

____

Wie wahrscheinlich treten die gefürchteten Konsequenzen ein?

____

Schätze ich meine Kompetenzen für die Bewältigung realistisch ein?

Wer oder was kann mir in dieser Situation helfen?

Stell dir vor, du bist im Zoo. Hinter einem Drahtzaun taucht ein Krokodil aus dem Becken auf. Du magst Krokodile und hast als kleines Kind auch ein Stofftier davon bekommen. Deine persönliche Erfahrung mit dem Tier stimmt dich positiv. Was sind deine Gedanken?

Nun stell dir vor, du hast am Vortag eine Dokumentation über Krokodile gesehen, welche deren Kraft und Schnelligkeit, Tiere zu reißen, hervorgehoben hat. Wärst du nun mehr eingeschüchtert? Was macht dein Kopfkino?

____

____

Du stehst alleine vor dem Zaun. Was sagt dir dein Kopf? Was sagt die Angst? Hast du den Wunsch zu flüchten, bereitest du dich auf den Kampf vor, oder erstarrst du? Warum?

____

____

Stell dir vor, neben dir erblickst du einen Metallstab, um dich zu verteidigen. Schätzt du deine Bewältigungskompetenz nun höher ein? Warum?

____

____

Neben dir stehen jetzt dreißig andere Personen. Ist die Situation nun weniger gefährlich? Warum?

___

___

Du siehst: Kleine Veränderungen an der Umwelt verändern deren Bewertung. Auch du selbst schätzt dich und deine Fähigkeiten anders ein, wenn du ein Handwerkszeug hast, um damit in den Kampf zu ziehen. Ob es Soft Skills sind, wie Selbstdisziplin, Reflexionsfähigkeit, Zuverlässigkeit, Konfliktfähigkeit, Empathie, Teamfähigkeit, Belastbarkeit, Neugierde, Leistungsbereitschaft, oder Hard Skills, wie Wissen über Krokodile, das Halten von Präsentationen, Springturmtechniken, Atemtechniken, das Fachwissen über Stress und Angst, die dich stärken.

Wissen ist Macht. Wissen über dich, deine Stärken, Fähigkeiten, Talente, aber auch Schwächen und negative Erlebnisse. Wissen über die Situation selbst, welches dir eine realistische Einschätzung ermöglicht. Dabei wird dir dieses Buch helfen. Du wirst mächtig werden, weil du dich kennenlernst.

Die Metallstange im oben genannten Beispiel ist dein Wissen, welches dir hilft, dich zu verteidigen. Je mehr Menschen involviert sind, umso weniger Druck und Last liegt auf deinen Schultern, umso mehr Hilfestellung ist möglich. Je größer dein Handwerkskoffer an Wissen, Techniken, Strategien und Selbsterfahrung ist, umso stärker wirst du dich selbst einschätzen und die Angst im Griff halten können.

Bei jeder Angst bewertest du dich selbst und deine Kompetenz, damit umzugehen.

Neben der angeborenen Überlebensangst, welche einem natürlichen Instinkt gleicht, gibt es - wie wir im ersten Kapitel gesehen haben - die unterschiedlichsten Ängste. Die meisten dieser Ängste sind nicht angeboren, sondern erlernt. Als frei geborener Mensch haben dir andere gesagt, wovor du Angst haben solltest, worauf du achten solltest. Printmedien, soziale Medien, Familie, Freunde, Lebenspartner, Kollegen und alles Weitere, was sich in deinem Umfeld befand und du sehen oder hören konntest, und Erfahrungen, die dich geprägt haben.

Die meisten Ängste und Sorgen, die abgeschwächte Form der Angst, die uns im Alltag begegnen, sind Gedanken an die Zukunft. Die Angst, jemanden zu verlieren, ist eine Angst in der Zukunft. Jetzt ist alles gut, und doch bereitet die Vorstellung an einen möglichen Verlust eines Menschen Eifersucht, Panik und vielleicht Traurigkeit.

Die Sorge, nicht gut genug zu sein, ist typisch für die Soziophobie, bei der wir Angst haben, in der Zukunft Fehler zu machen, kritisiert zu werden oder uns zu blamieren. Es ist ein mögliches Szenario, welches eintreten kann, aber nicht muss. Du weißt nicht, was in der Zukunft passieren wird. Du weißt nicht, ob diese Sorge begründet ist. Du spürst jetzt die Angst, bist gedanklich bei der gefürchteten Szene in der Zukunft, die dich dadurch schon jetzt im Moment belastet, obwohl sie doch so fern ist.

Meine Klientin Katja wurde in einem Meeting von ihrer Kollegin angelacht - »Sie hat mich ausgelacht und war schadenfroh, als ich unsicher die Ergebnisse meiner Arbeit präsentiert habe«, beschrieb Katja die Situation. Später stellte sich heraus, dass die Arbeitskollegin sie nur anlächelte und ermutigen wollte.

Obwohl es zahlreiche Anzeichen geben würde, die Gegenteiliges bestätigen könnten, siehst du nur, was du sehen »möchtest«, was du über dich und die Welt glaubst und was dich bestätigt. Du nimmst wahr, was dich in deinem Glauben bestätigt.

Das passiert so lange, bis du neue eigene Erfahrungen machst. Hier wird es dann spannend. Sobald du Neues versuchst, neue Erfahrungen machst, dich und andere selbst erlebst, kommen neue wichtige Informationen dazu, um die Thematik mit mehr Kenntnissen aufzuladen. Wie passt das neue Wissen zu dem Wissen davor? Muss ich meinen Glauben über mich und die Welt abändern, damit die neuen Erkenntnisse dazu passen?

Derjenige, der immer das tut, was er kennt,
wird immer der sein, der er war.

Doch nicht nur negative Glaubenssätze über uns selbst, auch Erfahrungen und Erlebnisse können Ängste auslösen und manifestieren.

Ein Mensch, der Krieg nie erlebt hat, wird im Alltag nicht daran denken. Jemand, der Bilder davon gesehen hat, kann eventuell mitfühlen, aber kaum die Angst nachempfinden. Jemand, der Krieg am eigenen Leib gespürt hat, kann bei dem kleinsten Knall zusammenzucken, Atemnot haben und eine Panikattacke erleiden. Bei den kleinsten Auslösern, die Ähnlichkeiten mit Angstsituationen in der Vergangenheit haben, reproduzieren wir das Gedachte und Gefühlte. Jemand, der nie schlechte Erfahrungen mit Menschen gemacht hat, wird auch nie Ängste in diesem Bereich hegen. Eine Person, die von anderen oft kommuniziert bekommen hat, dass Menschen böse sind, es viel Verrat, Lügen und Probleme mit anderen gibt, wird hier viel vorsichtiger sein, da seine Wahrnehmung bereits auf das Negative fokussiert ist. Kommen hier noch eigene negative Erlebnisse dazu, passt das Bild gut zusammen und ist stimmig.

Angst entsteht auch hier in deinem Kopf, aufgrund einer Zukunftsvorstellung. Das, was du glaubst zu erwarten, ängstigt dich. Das, was du aufgrund deiner Erfahrung schon erleben musstest und sich nochmals abspielen könnte, ängstigt dich. Das, was im schlimmsten Fall passieren könnte, und die schrecklichen Konsequenzen daraus, lassen dich Furcht fühlen.

Dann gibt es wie bei einer realen Bedrohung drei Möglichkeiten: flüchten, kämpfen oder tot stellen.

Flüchten bedeutet weglaufen. Hier wird die Konfrontation vermieden und die Überforderung sichtbar: »Ich muss hier weg!« Der Kampf findet statt, wenn man daran glaubt, eine Chance zu haben oder jegliche Fluchtmöglichkeit wegfällt. Das Totstellen oder Erstarren gibt es nicht nur im Tierreich, sondern auch beim Menschen. Je weniger man sich bewegt, umso weniger hofft man aufzufallen. Die Redewendung »Ich möchte im Erdboden verschwinden« beschreibt das Gefühlte sehr gut. Alle drei Reaktionsmöglichkeiten auf den angstauslösenden Reiz sind normal.

Zukunftsorientiert zu denken und zu handeln zeigt Intelligenz.

Angst zu haben zeigt aber auch etwas anderes: dass man weiterdenkt, vorausschaut und sich Gedanken über die Zukunft macht. Immer wieder mal treffe ich auch auf Menschen, die einfach dahinleben, nicht groß über die Zukunft nachdenken, wenig Ansprüche an sich und ihr Leben haben und es einfach so laufen lassen. Diese Menschen sind überaus glücklich, da sie weniger in der Zukunft leben und weniger durchdenken.

Das wiederum heißt aber auch, dass du, die/der das Buch in den Händen hält, vermutlich zu der ersten Personengruppe zählst. So wie ich auch.

Wie viel Prozent des Tages verbringst du in der Vergangenheit, in der Zukunft und wie viel in der Gegenwart?

Angst ist ein Zeichen zum Handeln. Welche Handlung löst Angst bei dir aus?

Tendierst du bei Angst zur Flucht, zum Erstarren oder zum Totstellen?

Warum wählst du diese Reaktion? Wie hilft sie dir?

Wie könntest du anders reagieren? Welche Handlung sollte Angst auslösen?

Wie bewertest du deine Fähigkeiten in Angstsituationen, diese zu bewältigen? Woran zweifelst du?

Warum ist deine Angst wichtig?

Wovor schützt sie dich, wie eine liebende Mutter?

Angst zu haben heißt, sich selbst und das eigene Leben genug zu lieben. Was ist in deinem Leben so schützenswert?

Warum bist du so wertvoll und schützenswert?

Was macht anderen Angst, aber dir nicht?

Wie kann ich mich selbst in Angstsituationen stärken?

ANGST IST EIN ZEICHEN

Gefühle sind Zeichen (siehe auch Kapitel »Gefühle«). Negative Gefühle sind ein Zeichen, dass du sofort aktiv werden und handeln sollst.

Jede Sorge und jeder Zweifel
ist eine Botschaft
und erfordert dein Handeln.

Angst ist nichts Schlimmes. Angst ist ein Zeichen zu handeln. Angst möchte dich schützen und vor Schmerz und Leid bewahren. Angst zeigt dir, dass du unzufrieden bist. Angst zeigt dir, dass du etwas ändern musst.

Gefühle sind aber auch fehlbar. Gefühle sind Warnsignale, die sich aber auch irren können.

Jedes schlechte Gefühl hat eine Botschaft für dich. Wut zeigt dir deine persönlichen Grenzen und Wunden. Neid zeigt dir deine geheimsten Wünsche. Schuld zeigt dir deine Werte und Ansprüche. Ekel zeigt dir deine persönliche Einstellung und Haltung. Angst zeigt dir den Weg zu Wachstum und gibt dir Mut für Veränderung.

Angst und Schmerz
werden dich verlassen,
wenn du das gelernt hast,
was du lernen solltest.

Was möchte dir deine Angst sagen? Sprich mit ihr!

Möchtest du mit deinen Ängsten weiterhin leben?

____

Wie würde dieses Leben aussehen?

____

____

____

Wenn man Ängste vermeidet, werden sie schlimmer. Was wäre die Steigerung, wenn du nicht daran arbeitest und diese bis zur Spitze übertrieben werden würden?

Love it, leave it or change it.

Du hast zwei Möglichkeiten, mit den Herausforderungen und Problemen im Leben, somit auch mit deiner Angst, umzugehen:

Leave it: akzeptieren und damit leben
Change it: es verändern

Alles, was du nicht liebst, solltest du verändern. Schließlich hast du nur ein Leben, um dir hier auf Erden eine schöne Zeit zu machen. Es wäre schade, wenn du dich mehr quälst als Freude empfindest. Alles, was du verändern kannst, solltest du angehen. Unveränderliches, was nicht in deiner Hand liegt, musst du lernen zu akzeptieren, hinzunehmen und dich nicht negativ davon beeinflussen zu lassen.

Wenn einem die Arbeit Spaß macht, kann man den ungeliebten Chef trotzdem nicht austauschen. Also sollte man dies in Kauf nehmen. Dabei kann man selbst entscheiden, ob man sich auf das Negative konzentriert oder ob man sich auf das Gute fokussiert, auf die spannende Tätigkeit, die netten Kollegen – das, was einen dort bleiben lässt und Freude bereitet. Der Arbeitsalltag wird so viel leichter sein.

Auch wenn ein Kind nicht immer folgt, schwierige Phasen hat, ist es doch das Schönste auf der Welt, wie viele sagen. Hier kann der Fokus auf dem liegen, was nicht gut läuft, oder auf dem, was sehr gut funktioniert, wie viel es schon gelernt hat und kann. Wie viele lustige und freudvolle Momente man gemeinsam schon hatte oder wie viel Arbeit und Ärger ein Kind macht - worauf liegt dein Fokus? Was glaubst du? Was suchst du? Und was findest du im Anschluss? Es ist immer eine Frage der Perspektive.

Auch die Eltern und deren Ansichten kann man nicht ändern. Hier ist die Frage: Möchte ich dies akzeptieren und damit leben, aber nicht weiterhin Zeit verschwenden, um mich darüber aufzuregen, oder möchte ich es verändern und mich von ihnen lösen? Hier wird es Zeit, eine Entscheidung zu treffen. Erst wenn du dir darüber klar geworden bist, werden Sorge, Zweifel, Wut und auch Ängste verschwinden. Leave it or change it. Alles andere hält dich unnötig auf. Triff eine Entscheidung.

Nicht alle Menschen braucht man in seinem Leben. Wenn eine Person einem nicht guttut, dann darf man sich von dieser auch verabschieden. Erst so ist Platz in deinem Leben, um neue Menschen zu treffen, die zu dir passen.

Wenn du dich sorgst, nicht gut genug zu sein, ist das aufgrund der Menschen, mit denen du dich umgibst, oder liegt es an dir und deiner Einstellung zu dir selbst?

Es ist weniger schwierig, Probleme zu lösen,
als mit ihnen zu leben und sie
tagtäglich mit sich zu tragen.

Entsteht eine Angst, weil dir andere Personen diese einreden und immer wieder vor Augen führen, oder ist es deine persönliche Meinung, die diese erschaffen hat?

Zumindest kannst du dir sicher sein, dass die Angst selbst und deren kleine Brüder, Stress, Sorgen und Zweifel, ein Zeichen zum Nachdenken und Handeln sind. Dieses Gefühl ist gut und soll dich daran erinnern, dass du **jetzt** handeln musst. Eine Veränderung ist gefragt: eine Veränderung der Gedanken und Perspektive oder ein radikales Loslösen oder Stellen der Angst.

Was will dir deine Angst sagen?

Was stört dich in deinem Leben?

Was davon kannst du nicht ändern und musst du in deinem Leben akzeptieren?

Welche Gedanken helfen dabei, damit positiv umzugehen?

Was davon kannst du ändern und selbstständig verbessern?

Wie sehen die Schritte zur Verbesserung aus?

*Eine Krise ist ein produktiver Zustand.
Man muss ihr nur den
Beigeschmack der Katastrophe nehmen.*

GEDANKEN – GEFÜHLE – VERHALTEN

Es ist immer derselbe Prozess: Ein Gedanke löst ein dazu passendes Gefühl aus. Dieses Gefühl leitet dann die dazugehörige Handlung ein.

1. Gedanke → 2. Gefühl → 3. Verhalten

Immer wieder wird mir in Coachings gesagt: »Ich hatte Angst, aber ich habe dabei an nichts gedacht«, »Ich bin traurig, aber ich denke an nichts, was mich traurig macht«.

Hinter jedem Gefühl steckt ein Gedanke.
Hinter jedem Verhalten steckt ein Gefühl.

Bitte verabschiede dich von dem Gedanken, du seist eine mysteriöse, nicht zu ergründende Naturkatastrophe, die es nie zu verstehen und schon gar nicht zu meistern gilt. Du bist ein Mensch, der Erfahrungen gemacht hat, daraus gelernt hat und daraus seine Welt und Wertvorstellungen gestaltet hat. Du bist ein Mensch, der denken kann, der fühlt und der jegliche Handlung einleiten kann, um etwas in seinem Leben zu verändern.

Gedanke → Gefühl → Verhalten

Hinter jedem Gefühl steckt ein Gedanke. Diese Gedanken können dir manchmal (noch) nicht bewusst sein, sind vielleicht schwer festzuhalten oder auszuformulieren, aber sie sind da, und sie sind für deine Gefühlswelt verantwortlich. Natürlich wirst du dich anders verhalten, wenn du traurig, wütend, freudig oder ängstlich bist. Logischerweise wird dein Körper das Gefühl auch anders zeigen. Traurigkeit äußert sich anders als Wut. Freude unterscheidet sich grundlegend von Angst und Hass.

Jedes Verhalten ist für die Person
in diesem Moment
absolut logisch und richtig.

Zu oft kritisieren wir ein Verhalten, das nach außen Sichtbare. Wir wollen nicht weinen, schämen uns für unsere Reaktion und gezeigte Schwäche oder schimpfen über die Handlungen anderer. Das, was sichtbar ist, ist leicht angreifbar. Das können wir beurteilen, denn es ist klar wahrnehmbar. Jedoch ist jedes Verhalten auf seine Weise logisch und daher für die betreffende Person in diesem Moment das richtige. Nicht das Verhalten ist fehlerhaft. Die Gedanken und Gefühle haben genau zu dieser Handlung und dieser Körperreaktion geführt. Absolut natürlich. Wenn ein Verhalten verändert werden soll, braucht es andere Gefühle, und diese entstehen nur durch andere Gedanken.

Wenn jemand am Morgen denkt: »Heute gefalle ich mir!«, dann wird er sich dementsprechend fühlen und ein selbstbewusstes, froh gestimmtes optimistisches Verhalten an den Tag legen. Mit einem Lächeln wird diese Person über die Straße laufen, alle freundlich grüßen und eine erfolgreiche Präsentation in der Arbeit abhalten. Auch andere werden der Person freundlich entgegentreten, denn Lächeln steckt an.

Startet man den Tag jedoch mit »Meine Haare sehen schrecklich aus!« und »Ich werde das heute eh nicht schaffen!«, wird die Unzufriedenheit den ganzen Tag über präsent sein und auch durch eine dementsprechende zurückhaltende oder abweisende Art für alle anderen zu erkennen sein. Man würde dazu tendieren, sich zu verstecken, möchte keine Gespräche führen und würde andere kaltschnäuzig abweisen. Die Präsentation in der Arbeit würde man unsicher und stotternd abhalten und sich dafür schämen. Den ganzen Tag über würde man glauben, dass alle anderen abweisend sind, obwohl es nur das eigene Verhalten ist, das gespiegelt wird. Obwohl man selbst andere Menschen meidet, glaubt man, andere meiden einen, weil man nicht »gut genug« ist.

Warum bist du bei anderen tolerant
und bei dir selbst so streng?

Ganz einfach formuliert: Wenn jemand schreit, sollte man nicht das Verhalten kritisieren und »Hör auf zu schreien!« zurückschreien. Die bessere Vorgehensweise wäre, den Hintergrund für das Verhalten zu erfragen. »Warum schreist du?« Die korrekte, aber nicht immer leichte Antwort würde lauten: »Weil ich mich nicht gehört fühle.« Der Auslöser für die Handlung wäre: »Ich möchte gehört werden!«, »Hör mir zu!«, »Ich bin da, sieh mich, nimm mich wahr!«, »Meine Meinung ist wichtig!«. Mit diesem Wissen im Gepäck kann man diese Situation anders lösen, und das unerwünschte Schreien dadurch beenden, indem man auf die auslösenden Gedanken eingeht und diese validiert: »Ich höre dir zu. Ich nehme dich wahr. Deine Meinung ist wichtig. Ich merke, dass du gehört werden möchtest. Ich bin da und höre dir zu.«

Alleine das Verständnis darüber, warum man selbst oder eine andere Person sich dementsprechend verhält, führt zu mehr Klarheit und somit zu Entspannung und innerlicher

Ruhe. Denn alles, was wir verstehen können, ist nachvollziehbar und logisch, ist rechtens, kann angenommen werden und ist legitim.

Wir wissen Bescheid, somit ist es nicht mehr angsteinflößend, beunruhigend oder aufwühlend. Dies ist wie bei den Matheformeln. Zu Beginn sind nur Fragezeichen im Kopf. Ab dem Moment, als du diese verstanden hast und den Weg von A (Angabe) zu B (Ergebnis) nachvollziehen konntest, fiel dir eine Last von den Schultern. Der Groschen war gefallen, du bist wieder entspannt, aufnahmefähig und zufrieden. Dasselbe gute Gefühl wirst du verspüren, wenn du bei dir selbst den Prozess von Gedanken zu Verhalten verstehst. Genauso gut fühlt es sich an, wenn du dich in jemand anderen hineinversetzen kannst und dessen Gedanken, Gefühle und Handlungen komplett nachvollziehen kannst. Diese Logik in der Wahrnehmung vertreibt Fragezeichen und somit Unsicherheit. Ein Muster, ein klares Schema gibt Struktur, Sicherheit und mehr Kontrolle über sich selbst und alle neuen Situationen.

Kritisiere nicht das Verhalten.
Verändere die Gedanken,
und das Verhalten wird sich
automatisch anpassen.

Hier ein Beispiel einer Klientin:

Situation	Gedanke	Gefühl	Verhalten
Läuft nicht nach Plan, etwas geht schief			Weinen, schreien, ausrasten

Zuerst wurde die Situation beschrieben, danach das unerwünschte Verhalten notiert. Was lag dazwischen? Sie identifizierte das Gefühl der Wut. Auch Enttäuschung, Kontrollverlust und Hilflosigkeit waren spürbar. Welcher Gedanke hat dieses Gefühl ausgelöst?

Hier war es schwieriger dahinterzukommen, denn viele Gedanken tauchen genauso schnell auf, wie sie wieder verschwunden sind. Oft ist es nur der Bruchteil einer Sekunde und der Gedanke nicht klar zu erfassen und festzuhalten. Auch unterbewusst passiert hier vieles, was die Suche nach dem Auslöser für die Gefühle und das Verhalten nicht unbedingt leicht gestaltet. Es wurden Gedanken genannt wie »Die Angst, die Kontrolle zu verlieren«, »Wut, etwas nicht zu können«. Diese ausgesprochenen vermeintlichen Gedanken sind nicht die, die wirklich in unserem Kopf sind. Diese starten zum Großteil mit »ich«. »Ich habe Angst«, »Ich möchte Kontrolle«, »Ich möchte gut genug sein«, »Ich bin unfähig«, »Ich bin dumm«.

Es sind die Gespräche mit sich selbst, deretwegen wir uns gut oder schlecht fühlen und das passende Verhalten nach außen tragen. Nicht die Situation oder die anderen nerven uns, sondern das, was wir zu uns sagen, was wir über uns selbst denken. So ist es nicht die Beschuldigung »Kümmerst du dich nicht um deine Schwester?«, die uns kränkt, sondern die dadurch ausgelösten Zweifel an uns selbst. Nicht der heiße stickige Raum stört uns, sondern die Person, die wir in diesem Raum werden, mit der wir selbst nicht zufrieden sind. In den meisten Fällen sind es die eigenen Gedanken über uns selbst, die uns verletzen, nicht die äußeren Umstände und Gegebenheiten. Nicht der Verlust einer Person ist das Tragische, sondern der Gedanke und das davon hervorgerufene Gefühl: »Ich bin alleine!« Gedanken, wahrhaftige geistige Einblicke, starten mit »ich«.

Versuche also beim Ergründen deiner Gefühle, Körperreaktionen und Verhaltensweisen, die dahinterliegenden Gedanken mit »ich« zu beginnen.

Wir sind nicht unzufrieden
mit unserer Umwelt,
wir sind unzufrieden
mit uns selbst.

Die Aussage »Ich bin unfähig/dumm« wurde als am treffendsten bezeichnet und niedergeschrieben.

Situation	Gedanke	Gefühl	Verhalten
Läuft nicht nach Plan, etwas geht schief	Ich bin unfähig. Ich bin dumm.	Wut, Hilflosigkeit, Kontrollverlust	Weinen, schreien

Nun machte plötzlich alles Sinn. Ist es in Ordnung, wütend zu sein, wenn jemand über sich denkt, unfähig oder dumm zu sein? Ja, absolut. Ist es normal, zu weinen oder zu schreien, wenn sich die Person so hilflos fühlt? Ja, natürlich. Ist es nachvollziehbar, dass jemand denkt, unfähig oder dumm zu sein, wenn etwas schiefläuft? Ja, so geht es doch vielen.

Auch wenn nicht jede Situation derartig negative Selbstgespräche und Zweifel nötig hätte, sind diese da und dadurch echt, wahrhaftig und erlebbar. Welche Umstände diese Gedanken und Gefühle auslösen dürfen, kann dir niemand vorschreiben. Dies ist komplett individuell und beruht auf den eigenen Erfahrungen, Einstellungen, Wertvorstellungen, Informationen und Erwartungen. Es gibt kein Richtig oder

Falsch. Es gibt nur dein Leben, mit deinen Erlebnissen, die dich lernen haben lassen, die dich schützen wollen und dich überleben lassen wollen. Nicht jemand anders entscheidet, wann deine Gefühle angebracht sind und wann nicht. Jede deiner Emotionen hat ihren Hintergrund und die Berechtigung, in dem Augenblick hier zu sein.

Deine Gefühle und dein Verhalten sind absolut nachvollziehbar.

Denke nun selbst an eine herausfordernde Situation in der Vergangenheit, in der du dich nicht wohlgefühlt hast, und versuche die Tabelle Schritt für Schritt auszufüllen, bis dies für dich nachvollziehbar und logisch ist. Du kannst auch mehrere Gedanken, Gefühle oder Verhalten notieren.

Situation	Gedanke	Gefühl	Verhalten

Vervollständige nun die folgenden Fragen mit den selbst erarbeiteten Inhalten der Tabelle. Beantworte danach die gestellte Frage.

Ist es in Ordnung (sich)

________________________________ (Gefühl)

zu fühlen, wenn man

________________________________ (Gedanken)

denkt?

Antwort:

☐ Ja ☐ Nein

Ist es okay,

________________________________ (Verhalten),

wenn man sich

________________________________ (Gefühl)

fühlt?

Antwort:

☐ Ja ☐ Nein

Nun denke an eine konkrete Angst. Notiere diese bei der Situation. Ergründe deine Gedanken und verschriftliche diese mit Ich-Botschaften.

Situation	Gedanke	Gefühl	Verhalten

Ist es in Ordnung (sich)

______________________________________ (Gefühl)

zu fühlen, wenn man

______________________________________ (Gedanken)

denkt?

Antwort:

☐ Ja ☐ Nein

Ist es okay,

______________________________________ (Verhalten),

wenn man sich

______________________________________ (Gefühl)

fühlt?

Antwort:

☐ Ja ☐ Nein

Deine Gefühle sind in Ordnung und machen Sinn. Dein Verhalten ist bei diesen Gedanken doch absolut logisch. Zweifle niemals an deinen Gefühlen. Sie sind das Resultat deiner Gedanken und haben immer recht. Kritisiere dich nicht für dein Verhalten, es macht in diesem Moment Sinn und ist eine natürliche Reaktion auf deine Gedanken und Gefühle.

Zweifle niemals an deinen Gefühlen.
Sie sind das Resultat deiner Gedanken und
haben immer recht.

Vervollständige nun spontan folgende Sätze:

Gefühle sind

____ .

Verhalten ist

____ .

Gedanken sind

____ .

Ich hoffe, du hast die Sätze positiv vollenden können und neues Wissen über diese drei wichtigen Punkte für dich entwickeln können. Diese Ergänzungsübung hatte den Zweck zu sehen, was dir aus diesem Kapitel am meisten im Gedächtnis geblieben ist und was somit deine wichtigste Erkenntnis war.

Hier sind einige Anregungen für mögliche Satzergänzungen:

Gefühle sind immer richtig. Gefühle sind wichtig. Gefühle sind Momentaufnahmen. Verhalten ist die Reaktion auf Gefühle. Verhalten ist immer logisch und für die Person in dem Moment die einzig richtige Lösung. Gedanken sind der Auslöser jeglichen Gefühls und Verhaltens. Gedanken sind eine Erinnerung an die Erinnerung. Gedanken sind der Grund, warum du dich gut oder schlecht fühlst. Gedanken sind oft unbewusst. Gedanken sind in ICH-Botschaften formuliert.

Spontane Assoziationsübungen
zeigen deine wahre
Einstellung zum Thema.

Nun versuche das Verhalten einer anderen Person zu verstehen, indem du den Prozess von Gedanke zu Verhalten notierst.

Nimm für diese Übung ein nicht leicht durchschaubares Verhalten als Ansatzpunkt her. Eine Freundin, die sich auf einmal nicht mehr meldet, einen Kollegen, der plötzlich begonnen hat, sich in Sitzungen über dich lustig zu machen? Der Sohn, der die Wäsche nicht wegräumt. Ein Arbeitskollege, der einem während des Meetings nicht mal in die Augen blickt. Ein Vater, der dem Kind viel verbietet und es fast einsperrt. Eine überkritische Mutter ... Du kannst auch mehrere mögliche Gedanken notieren und am Ende das für dich Einleuchtendste auswählen. Solltest du die Möglichkeit haben, sprich die Person an und frage, ob du den Prozess richtig dargestellt hast.

Situation	Gedanke	Gefühl	Verhalten

Nutze diese Tabelle sowie Vorgehensweise immer wieder, um mehr Erkenntnisse über dich zu sammeln, um dich besser kennenzulernen, zu verstehen und schlussendlich auch steuern zu können. Nutze dieses Wissen auch für den Umgang mit deinen Mitmenschen, um noch mehr enge Bindungen, gute Partnerschaften, harmonierende Zusammenarbeit und Menschenkenntnis zu gewinnen, welche dein Leben nachhaltig bereichern wird.

Verstehe deine Gefühle.
Verstehe dein Verhalten.
Lerne dich kennen,
lerne dich meistern.

Eine Frau, nennen wir sie Elisabeth, kam zu mir, um an ihrer Selbstliebe und ihrem Selbstvertrauen zu arbeiten und um die Angst vor Ablehnung und dem Alleinsein zu besiegen. Sie hatte einen großen Streit mit ihrer Familie, seitdem bestand kein Kontakt mehr. Als wir über ihre Familie sprachen, sagte sie zu mir: »Das Schlimmste wäre, wenn ich die zwei sehen und nichts fühlen würde.« Ich verstand die Aussage erst nicht. Warum sollte ein Gefühl von Neutralität oder Leere störend sein? Der Gedanke, der zum Gefühl und somit zum Verständnis beigetragen hätte, fehlte. »Welche Gedanken lösen das Gefühl von Leere in dir aus?«, fragte ich. »Ich würde denken, dass es gar nicht so schlimm war, wie ich es damals empfunden hatte.« Nun machte es Sinn. Sollte keine Emotion auftauchen, glaubte Elisabeth, dass die schrecklichen Vorfälle sie umsonst derartig belastet hatten. Sie meinte, dass ein Gefühl von Leere gleichbedeutend sei mit einem Vergehen, das eigentlich doch keines war. Die Ereignisse, die sie jahrelang belastet hatten, sie sich immer mehr von Menschen zurückziehen ließen, das

Vertrauen in die Menschen verlieren ließen, konnten dann ja nur eingebildet gewesen sein. Davor hatte sie Angst.

Ein Gefühl von Neutralität hätte jedoch auch bedeuten können, dass die Thematik verarbeitet wurde. Es hätte auch ein Schutzmechanismus sein können. Nichts zu fühlen scheint manchmal besser zu sein als der kleinste Funke an Emotion, der das Fass zum Überlaufen bringen würde. Es könnte auch auf Verdrängung hindeuten. Verschiedene Gedanken können dasselbe Gefühl auslösen. Ein Gedanke kann bei zwei verschiedenen Menschen zwei unterschiedliche Gefühle auslösen. Dasselbe Gefühl kann bei zwei verschiedenen Personen zu einem jeweils anderen Verhalten führen. Wichtig ist nur, die Abfolge zu verstehen, die individuelle Logik, Entstehungsweise und Auswirkung.

Trotzdem sollte man sich vor voreiligen Schlüssen hüten. Diagnosen und fertige Analysen sind nicht immer hilfreich. Sie sollen ein Hilfsmittel sein, um Muster zu erkennen und Klarheit zu gewinnen, aber nicht um sich selbst oder andere zu diagnostizieren und einen Stempel aufzudrücken (siehe auch »Diagnosen sind nicht immer hilfreich«).

NEUTRAL WAR GESTERN

Als wir auf die Welt kamen, war alles neutral. Regen, Menschen, das andere Geschlecht, Schule, Mathematik, Rosinen, Milch ... Wir haben diesen Dingen über die Zeit hinweg eine Bewertung hinzugefügt (siehe auch S. 79).

Die Bewertung macht Angst,
nicht das Tier, der Gegenstand
oder die Situation.

Das einst neutrale Erlebnis Regen wurde mit einem imaginären »Plus - mag ich« oder »Minus - mag ich nicht« versehen und produziert somit die dazu passenden Gefühle. Die Schule ist zunächst ein neutraler Ort, wir geben ihm Bedeutung. Unsere Erfahrung hat uns nach einiger Zeit gerne oder weniger gerne hingehen lassen. Ab einem gewissen Zeitpunkt hat allein das Wort »Schule« ausgereicht, um ein Gefühl zu verspüren und zahlreiche Bilder in unserem Kopf abspielen zu lassen. Hast du dich auf die Freunde und Abenteuer gefreut? Oder hast du dich vor den Lehrern, Prüfungen und Mitschülern gefürchtet?

Milch ist ein Lebensmittel, welches weltweit erhältlich ist. Einst neutral gewesen, dann dank der Werbung in den 90ern zum Wunderwachstumsmittel für Kinder auserkoren. Dann im 21. Jahrhundert wurde es verschrien und als schädlich empfunden. Es ist klar ersichtlich, dass die Informationen in den sozialen Netzwerken deine Meinung, also deine Bewertung, zu dem weißen calciumhaltigen Getränk verändert haben. Das Plus wurde vielleicht dadurch zum Minus und ließ den ein oder anderen verzichten oder zur Pflanzenmilchalternative greifen.

Unsere Bewertung von Situationen, Gegenständen, Personen oder Aktivitäten beruht auf unseren persönlichen Erfahrungen damit, aber auch auf den Bewertungen anderer Menschen. Denn der Mensch als Herdentier braucht Bestätigung und möchte seinen Standpunkt validiert haben. Wird dir immer häufiger eine gegensätzliche Meinung zugetragen und der Themenschwerpunkt ständig mit widersprüchlichen Informationen bombardiert, verändert dich dein Standpunkt und deine Meinung. Plötzlich kippt die Plus-Minus-Liste, unterm Strich stehen nun mehr Plus (oder Minus), und deine Einstellung wird verändert.

Wir wurden frei geboren.
Die Gesellschaft, deren Kultur,
Weltanschauung und religiöse
Ansichten haben dir deine
Grenzen und Fehler anerzogen.

Das heißt, egal, wovor du Angst hast, es gab einen Zeitpunkt in deinem Leben, an dem es noch neutral war. Wann war das? Wie hast du darüber gedacht und gefühlt? Warum war es damals nicht schlimm?

Wann war der Angstauslöser noch neutral?

____

____

Wie hast du dich damals verhalten? Wie hast du darüber gedacht und gefühlt?

____

____

____

____

Warum war es damals nicht schlimm?

Was ist dann passiert? Warum hat es sich verändert?

Bilde Assoziationsketten. Assoziationen sind Gedankenbrücken, Verbindungen, erste Eingebungen. Nehmen wir als Startwort »Wasser«. Dein erster Gedanke dazu könnte »Meer« sein, aber auch »Fisch«, »Feuer«, »Schiff« und jedes andere Wort wäre richtig gewesen. Kein Mensch würde dieselben Assoziationsketten bilden, denn jeder Mensch hat andere Erfahrungen mit diesem Wort gemacht.

Deine erste Eingebung ist richtig.

Vertraue dabei deiner Intuition. Egal, welches Wort dir erscheint, schreibe es auf, auch wenn es im ersten Moment unpassend erscheint. Es ist deine Art zu denken, und diese möchten wir ergründen, nachverfolgen und verstehen.

Hier ein Beispiel eines Klienten, der Angst vor Höhe hatte:

Höhe → Gefahr → keine schnelle Hilfe → keine Rettung → ein falscher Schritt → Tod → ausgeliefert sein → unsicher → vertraue mir nicht → wem soll ich dann vertrauen? Gott, nö! → glaube nur an mich oder nichts, wenn ich mir nicht vertraue, dann wird's nichts

Hier ein Beispiel eines Klienten, die Probleme mit Arbeitskollegen hatte:

Zurückgewiesen werden → nicht gemocht werden → ausgeschlossen sein → sie mögen mich nicht → ich mag mich nicht → nicht gut genug → böse auf mich / Hass → Rückzug → ich ziehe mich zurück, bevor sie mich wegschubsen → schubsen ist, mich mit beiden Händen wegdrücken → das tut weh → ich will nicht alleine sein → ich bin einsam →ich bin nicht liebenswert → das tut weh

____

____

____

____

____

____

____

Nicht nur unsere eigenen Erfahrungen lassen neue Informationen in den Bewertungsprozess einfließen. Auch die Erzählungen anderer Menschen spielen dabei eine Rolle. Ob es nun der Autounfall von einem guten Freund war, der nun jede Autofahrt zum Horrortrip macht, oder die Berichterstattungen der Medien über Unfälle, die einen in Angst und Schrecken versetzen. Allein das Zusehen, das sogenannte Modelllernen, kann eine wesentliche Rolle spielen. Wenn deine Eltern schon Ängste hatten, ist es wahrscheinlich, dass du diese übernimmst, denn du hast dir dieses Verhalten und Denken abgeschaut. Auch Freunde, Bekannte, Arbeits- oder Schulkollegen beobachten wir und nehmen deren Verhalten und Denkweisen in unser persönliches Universum mit.

Grundsätzlich gibt es drei Arten zu lernen:

Modelllernen: Ängste können sich durch das reine Beobachten übertragen. Wenn die Mutter kreischend vor Spinnen wegläuft, kann es das Kind übernehmen. Das Zusehen hat ausgereicht, um zu lernen, dass Angst in diesen Situationen »richtig« ist.

Erfahrungen: Wenn eine Erfahrung negativ, schmerzhaft oder unangenehm war, möchte der Mensch dieses vermeiden, sich schützen und speichert es deshalb ab. Jegliche Annäherung an dieses Erlebnis in der Gegenwart ruft unweigerlich das Vergangene hervor, lässt einen wachsam werden, Angst haben und/oder es vermeiden. Wenn jemand einmal heftige Turbulenzen bei einem Flug erlebt hat, kann die Erfahrung ausreichen, um Flugzeuge als Angstobjekte abzuspeichern.

Geschichten: Erzählungen können Ängste erschaffen. Zum Beispiel kann die Erzählung eines Überfalls genug sein, um selbst die Angst zu empfinden, ausgeraubt zu werden. Diese Geschichten können eine Angst zutage bringen.

Wir lernen, auch ohne groß nachzudenken,
durch das reine Beisein und Zusehen
oder durch Erzählungen anderer.

Wir lernen zu lieben, wir lernen zu kochen, wir lernen zu rechnen, wir lernen Angst zu haben, wir lernen zu lernen - oder auch nicht. Alles, was du dir bis jetzt an Wissen angeeignet hast, ist durch diese drei Möglichkeiten an dich herangetragen worden.

Wir können sogar Charaktereigenschaften von unseren Lieblingsserienfiguren annehmen, weil wir diese beobachten (Modelllernen). Wir lesen oder hören die Nachrichten und lernen dabei (Geschichten). Wir wechseln den Job, probieren eine neue Sportart, lernen neue Menschen kennen und entwickeln uns dabei (Erfahrungen).

Was hast du durch Beobachten und Zusehen gelernt? Nenne mindestens vier Beispiele!

Was hast du durch Erfahrungen gelernt? Nenne mindestens vier Beispiele!

____

____

____

____

____

Was hast du durch Geschichten gelernt? Nenne mindestens drei Beispiele!

____

____

____

____

____

Wenn zu Hause immer viel Fleisch gekocht und gegessen wurde, wirst du das zunächst auch tun. Denn ohne darüber zu sprechen, hast du gesehen, dass viel Fleisch offenbar gut ist, denn deine Eltern lebten es vor. Nach einiger Zeit kamen aber neue Informationen dazu: Vegane Menschen leben länger und gesünder, sind leistungsfähiger, Fleischkonsum zerstört unsere Erde und ist umweltschädlich. Auch neue Rollenmodelle oder Vorbilder/Influencer beeinflussten dich: In den sozialen Netzwerken häufen sich Bilder von gesundem vegetarischen oder veganen Essen. Du siehst, was andere tun und denken. Du gleichst dies automatisch mit deinem Verhalten ab. Du beginnst Unterschiede zwischen dir und anderen zu erkennen. Du wirst unsicher. Immer mehr verwirfst du die anfängliche Meinung, die du, ohne groß nachzudenken, von den Eltern übernommen hast.

Ohne nachzudenken, gleichst du dein Verhalten mit dem der andern ab. Gibt es Unterschiede, beginnst du ***dich*** *zu hinterfragen, selten wird das Verhalten* ***anderer*** *hinterfragt.*

Eine Klientin, die mit starken Eifersuchtsproblemen zu kämpfen hatte, hat die drei Modelle bei sich angewendet, um der Entstehung der Verlustangst auf den Zahn zu fühlen.

Modelllernen:
Mein Vater hat meine Mutter betrogen, in den Liebesfilmen sind die Männer viel einfühlsamer und romantischer – so sind Männer, glaube ich, wenn sie verliebt sind, ich zweifle oft an der Liebe meines Mannes zu mir, Männer lügen oft in Filmen

Erfahrungen:
Ich wurde schon betrogen, ich habe geliebt und wurde verletzt, ich wurde von meinem Vater verlassen, alleine zu sein tut weh, Alleinsein bedeutet nicht gut genug für jemanden zu sein

Geschichten:
Viele in meinem Freundeskreis wurden schon betrogen oder verlassen, immer wieder erzählen mir Freundinnen von einem Verhalten der Männer, welches unter aller Sau ist.

Aus diesen Bewertungen wurden über die Zeit Glaubenssätze entwickelt, die Männer grundlegend nach ihren Erfahrungen beschreiben.

Männer lügen. Männer betrügen. Männer verlassen Frauen. Männern kann man nicht trauen.

Es ist logisch, dass diese Frau eine starke Eifersucht entwickelt hat, mit massiven Vertrauensproblemen zu kämpfen hat und ihren Mann am liebsten einsperren und überwachen würde. Nachvollziehbar, logisch.

Wenn der Entstehungsprozess der Angst erkannt wird, kann man hier ansetzen, hinterfragen, analysieren und diese neu abspeichern. Es ist nicht immer zwingend notwendig, die Ursachen der Angstentstehung herauszufinden, aber es kann helfen, sich besser zu verstehen und Ängste leichter aufzulösen. Ein zwingend notwendiger Schritt ist es jedoch, die Gedanken zu erkennen, die zum Verhalten führen, neue Erfahrungen zu machen und diese positiv abzuspeichern. Mehr dazu gibt es im Kapitel »Angstbewältigung«.

*Glaubenssätze beschreiben
den Ausschnitt der Welt,
in der du lebst, nicht die Realität.*

Glaubenssätze zeigen die persönliche Einstellung und Haltung gegenüber einem Themenschwerpunkt. Diese Glaubenssätze werden automatisch über die Zeit entwickelt durch die drei genannten Modelle.

Versuche nun, der Entstehung deiner Ängste und Glaubenssätze auf die Spuren zu kommen. Nimm zumindest ein konkretes Angst-Beispiel dazu her.

Welche Erfahrungen hast du gemacht, damit das Angstszenario negativ aufgeladen wurde?

____

____

____

____

____

____

Welche Geschichten hast du gehört, die es negativ aufgeladen haben?

Was hast du beobachtet, damit es negativ aufgeladen wurde?

Bilde nun einen oder mehrere Glaubenssätze, die eine erlernte Aussage aus dem Notierten widerspiegeln.

Wenn du dich selbst lieben willst,
kannst du nicht die Dinge hassen,
die dich zu dem gemacht haben,
der du jetzt bist.

NEGATIVE GEDANKEN VERÄNDERN

Wenn wir uns schlecht fühlen und Angst verspüren, liegt das an unseren Angstgedanken. Wenn wir uns gut fühlen wollen, müssen wir positiv denken. Ein Gedanke löst das passende Gefühl aus und steuert dein Verhalten. Es gibt eine genaue Abfolge von Fragen, die du dir stellen kannst, wenn negative Gedanken auftauchen, die dich belasten.

Frage dich:
1. Ist die Aussage hilfreich?
2. Ist die Aussage zu 100% wahr?
3. Warum nicht? (Drei Gründe)
4. Wie lautet ein alternativer hilfreicher Gedanke?

Du kannst nicht nur spontane Angstgedanken, sondern auch alteingesessene Glaubenssätze durch diese Fragen vertreiben. Denn du gibst dir mit diesen Fragen selbst die Antwort. Diese lenken dich genau dorthin, wo du sein sollst: zurück zu dir. Du gibst dir selbst die Gründe, warum dir dein Kopf einen Streich spielt, und du sagst dir selbst, dass dies jetzt nicht hilfreich ist. Am Ende formulierst du einen positiven hilfreichen Satz, der dich auch dementsprechend fühlen und handeln lässt.

Eine Klientin, ich nenne sie Anja, wollte ihren Freund nicht zu einem Treffen seines geliebten Vereins gehen lassen. Die beiden diskutierten heftig, Anja weinte bitterlich. Er verließ die

Wohnung und ließ sie zurück. Sie interpretierte das Verhalten (weggehen, sie alleine lassen) als Zeichen für mangelnde Liebe. »Wenn er geht, heißt das, dass er lieber Zeit mit ihnen als mit mir verbringt. Das bedeutet, er liebt mich nicht.« Diese Gedanken können dann hinterfragt werden: »Ist dieser Gedanke jetzt hilfreich und tut mir gut? - Nein - Ist dieser Gedanke zu 100% wahr? - Nein - Warum nicht? Warum ist es nicht wahr, dass er mich nicht liebt? - Er ist für mich von Holland nach Deutschland gezogen. Er verbringt viel Zeit mit mir. Das Treffen hat nichts mit der Liebe zu mir zu tun. Er sagt mir jeden Tag, dass er mich liebt - Wie lautet ein hilfreicher Gedanke? - Er liebt mich. Er liebt mich, auch wenn er jetzt nicht da ist.« Auch in diesem Beispiel von Anja haben beide nur über das Verhalten gesprochen und gestritten, aber nicht über die dahinterliegenden Gedanken. Als Anja dann alleine zu Hause saß, hat sie mit den vier Fragen gearbeitet und konnte mit einem guten Gefühl einschlafen. Am nächsten Tag wurde dann darüber gesprochen, was in Anja vorging und wie sie das Verhalten ihres Freundes interpretiert hatte. Ihr Partner hat dann sofort reagiert und ihr versichert, dass er sie liebe. Das war auch alles, was sie wollte. Es ging nicht darum, dass er kurz fortging. Sie wollte nur eine Bestätigung der Liebe, auch wenn er das Haus verließ.

Glaube versetzt Berge.

In Extremsituationen kannst du nicht klar denken, denn das Gehirn muss nur über Kampf oder Flucht entscheiden, sonst würde es zu viel Energie für die Reaktion verschwenden. Daher ist es wichtig, diese Reihenfolge an Fragen zu üben, um sie jederzeit griffbereit zu haben. Je öfter du diese verwendest, umso leichter wird der Zugriff darauf, bis dieser Vorgang eines Tages vielleicht sogar automatisch vonstattengeht.

Versuche die fehlenden Wörter der Fragestellung zu ergänzen.

Ist diese Aussage hilfreich?

____?

Ist diese Aussage zu 100 % wahr?

____

Warum (nicht)? Mindestens drei Gründe.

____

____

____

____

Glaubenssatz:

Wie lautet ein alternativer hilfreicher Glaubenssatz?

Beispiel 1:
»Höhe ist gefährlich«, »Je höher, umso tiefer falle ich«.
Ist diese Aussage hilfreich? *Nein.*
Ist diese Aussage zu 100 % wahr? *Nein.*
Warum (nicht)? Mindestens drei Gründe.
Höhe bedeutet nicht zu fallen.
Höhe ermöglicht mir einen schönen Ausblick.
Die Welt ist voller Täler und Berge. Es wäre schade, nur die Täler zu sehen.
Wie lautet ein alternativer hilfreicher Glaubenssatz?
Ich möchte die Welt sehen.

Beispiel 2:

»Menschen mögen mich nicht«, »Ich bin nicht liebenswert«.
Ist diese Aussage hilfreich? *Nein.*
Ist diese Aussage zu 100 % wahr? *Nein.*
Warum (nicht)? Mindestens drei Gründe.
Es gibt Menschen, die mich mögen, und zwar ...
Menschen, die mich nicht kennen, können mich gar nicht nicht mögen.
Ich muss mich mögen, das ist wichtig.
Ob sie mich mögen oder nicht, ich bin nach wie vor derselbe Mensch. Es ändert nichts in meinem Leben, nichts an meinen Fähigkeiten und Talenten.
Mag ich die überhaupt?
Wie lautet ein alternativer hilfreicher Glaubenssatz?
Ich mag mich. Ich muss mich mögen.

Nimm nun die notierten Glaubenssätze der Übung zuvor her und bearbeite diese mit folgenden Fragen:

Glaubenssatz:

____

____

____

Ist diese Aussage hilfreich?

Ist diese Aussage zu 100 % wahr?

Warum (nicht)? Mindestens drei Gründe.

Wie lautet ein alternativer hilfreicher Glaubenssatz?

Nicht immer ist es leicht, Gründe zu finden, die die eigenen Gedanken widerlegen. Bleibe hier aber dran. Es ist wichtig für dich selbst, dir zu sagen, dass deine derzeitigen Gedanken nicht richtig bzw. nicht nötig oder hilfreich sind. Lass dir Zeit. Auch hier wird es mit jeder Fragestellung leichter, und mit der Zeit wirst du immer mehr Gründe finden, die dir helfen, die geistige Belastung loszuwerden.

Übungen, um negative Gedanken zu stoppen, findest du auch am Ende des Buches unter »Satzergänzungen« (S. 329).

Probleme entstehen im Kopf.
Lösungen auch.

In Angstsituationen bewerten wir zwei Dinge: uns selbst und unsere Fähigkeiten, mit der Situation umgehen zu können, und die Gefährlichkeit der Situation selbst.

Person: Wer bin ich? Was kann ich? Welche Fähigkeiten und Talente habe ich, um dies zu bewältigen? Wer kann mir helfen? Was habe ich zum Verteidigen?

Situation: Wie gefährlich ist die Situation? Wie wahrscheinlich treten die gefürchteten Konsequenzen ein?

Das bedeutet, einerseits drehen sich die Angstgedanken um die Bedrohung selbst: Tritt das ein, was ich fürchte? Wie wahrscheinlich ist das? Wie sehr tut das weh, verletzt es mich, wenn es passiert?

Andererseits bewerten wir uns selbst: Was kann ich? Habe ich Derartiges schon geschafft oder eben bis jetzt noch nicht? Was oder wer kann mir helfen und mich stärken? Oder muss ich alleine damit fertigwerden?

Beispiel 1:
Jemand, der Angst hat, vor Gruppen zu sprechen, der könnte folgende Bewertungen aufstellen:

Person:
»Ich habe noch nicht oft vor vielen Menschen gesprochen. Ich kann das nicht. Ich beginne zu stottern, vergesse den Text.«

Situation:
Dies kann mein Ansehen schädigen, mich meinen Job kosten, und ich könnte mich blamieren.

Auch hier können die vier Fragen helfen, um jeden Gedanken zu hinterfragen und positiv zu verändern.

Ist diese Aussage hilfreich? Ist diese Aussage zu 100 % wahr? Warum (nicht)? Mindestens drei Gründe. Wie lautet ein alternativer hilfreicher Gedanke?

Was denkst du in Angstsituationen über dich?

____

____

Was denkst du in Angstsituationen über die Situation selbst?

Nimm nun die belastenden, wenig hilfreichen Gedanken über dich, deine Angst und die Situation her und bearbeite diese mit den vier Fragen.

Beispiel 1:
»Ich kann das nicht«, »Ich bin zu schwach«.
Ist diese Aussage hilfreich? *Nein.*
Ist diese Aussage zu 100 % wahr? *Nein.*
Warum (nicht)? Mindestens drei Gründe.
Ich habe schon viel geschafft.
Ich kann es noch gar nicht wissen. Das ist ein mögliches Zukunftsszenario, aber nicht sicher.
Ich kann alles schaffen, was ich will - wenn ich es auch wirklich will.
Wie lautet ein alternativer hilfreicher Glaubenssatz?
Ich bin stark. Ich schaffe alles, was ich will.

Gedanke:

Ist diese Aussage hilfreich?

Ist diese Aussage zu 100 % wahr?

Warum (nicht)? Mindestens drei Gründe.

Wie lautet ein alternativer hilfreicher Gedanke?

Wie war die Übung für dich? Haben dir die Fragen geholfen, einen anderen Blickwinkel einzunehmen und objektiv die Situation und dich selbst zu bewerten?

Wenn es um die Bewertung von dir selbst als Person geht oder um die der Situation selbst, kannst du dich auch fragen, was dich stärkt oder die Situation weniger gefährlich macht.

Nehmen wir das vorherige Beispiel mit der Präsentation zum Bearbeiten her:

Person

Wer bin ich? Was kann ich? Welche Fähigkeiten und Talente habe ich, um dies zu bewältigen? Wer kann mir helfen? Was habe ich zum Verteidigen?

Ich habe noch nicht oft vor vielen Menschen gesprochen. Ich kann das nicht. Ich beginne zu stottern, vergesse den Text.

Was kann mich stärken?

Ich kann in großen Gruppen, wenn es meine Freunde sind, doch gut vor vielen Menschen sprechen. Ich könnte, damit ich den Text nicht vergesse, eine PowerPoint-Präsentation machen und mir den Text auf Kärtchen aufschreiben. Ich kann mit einem anderen Kollegen zusammen die Präsentationen machen, das würde mir helfen. Ich kann mir schöne Kleidung anziehen, damit ich mich besser, stärker und schöner fühle. Ich schreibe mir alle meine Stärken und Erfolge auf, um mich besser zu fühlen.

Situation

Wie gefährlich ist die Situation? Wie wahrscheinlich treten die gefürchteten Konsequenzen ein?

Dies kann mein Ansehen schädigen, mich meinen Job kosten, und ich könnte mich blamieren. Das passiert ziemlich sicher.

Was kann die Situation verbessern?
Ich könnte davor mit einigen Kollegen sprechen und ihnen mitteilen, dass es mir so geht. Vielleicht könnten sie mich anlächeln und stärken. Wenn sie Bescheid wissen, dann werden sie nett sein. Ich könnte sie mir auch nackt vorstellen, damit ich lachen muss und mich stärker fühle. Ich mache mir bewusst, dass dies nicht meine Hauptaufgabe in der Firma ist, dass Fehler menschlich sind und ich das nicht perfekt machen muss.

Nimm nun eine Angstsituation und durchdenke deine Bewertungen über dich und die Situation.

Was kann dich in der Angstsituation stärken?

Was kann die Angstsituation verbessern?

Er versuchte sich eine schöne Dame vorzustellen, die ihm zuwinkte. Er stellte sich genau die schöne Kleidung der Frau vor, ihr herzliches Lächeln und dass sie ihm einen Kuss hinüberwarf. Was wäre das Schlimmste, das passieren könnte?

Was wäre das Gegenteil davon, also das Beste?

Was wäre eine unerwartete Wendung? Nenne drei!

Versuche drei absurde Begriffe in die Szene einzubauen: Guacamole, Elektriker, Niesen.

Versuche drei absurde Begriffe in die Angstszenerie einzubauen: Sangria, Lenkrad, Tinderdate.

Weitere belustigende Vorstellungsübungen, die zu mehr Flexibilität in den Gedanken führen, findest du am Ende des Buches unter »Was wäre, wenn ...«.

7.

Angstarten

Nun sind wir schon mitten in der Ergründung unserer Ängste. Doch welche Ängste gibt es eigentlich? Wir alle haben Ängste. Spritzen können Angstgefühle erzeugen, eine hohe Aussichtsplattform, ein möglicher Verlust eines geliebten Menschen, das eigene Versagen oder eine mögliche Ablehnung kann Angst hervorrufen. Neben diesen weitverbreiteten Ängsten gibt es jedoch noch viel mehr Angstauslöser.

Ob als Kind, Jugendlicher, erwachsener Mensch oder Oma. Angst ist tief in uns verwurzelt. Angst ist ein wichtiges Gefühl, das zum Schutz dient und angeboren ist. Angst ist natürlich. Angst ist menschlich. Ein Mensch aus Fleisch und Blut hat Angst. Wir wollen überleben und sollen daher Angst spüren können. Angst macht dich wachsam, aufmerksam und vorsichtig. Jedoch kann die Angst auch zur Panik werden, zu einem Kontrollverlust führen und unangenehm stark sein. Angst kann dein Leben beeinträchtigen, dich führen, leiten und von deinen Träumen abbringen. Angst kann dich so stark einnehmen, dass du mit Scheuklappen durch die Gegend läufst und nichts mehr genießen kannst, weil die Angst deine Blicke steuert und deine Gedanken einnimmt.

Es gilt, die Angst anzuerkennen, zu fühlen, zu hinterfragen und wieder loszulassen.

Doch zuerst sprechen wir über die Angst selbst. Denn das, was dir Angst macht, sagt dir, welche Art der Angst in dir verankert ist. Dies wiederum kann zu mehr Klarheit über dich selbst führen und auch zeigen, dass du nicht alleine bist. Du hast vielleicht ein paar Ängste, aber es gibt weitaus mehr, die du nicht hast.

Ängste - oder auch Phobien genannt - kann man in drei Hauptformen unterteilen:

Spezifische Phobie: Die spezifische Phobie bezieht sich auf ein bestimmtes Objekt, wie zum Beispiel eine Spinne oder Spritze, oder auf eine bestimmte Situation, wie z. B. das Autofahren, das Fliegen etc.

Soziale Phobie: Die Soziophobie kommt nur im Kontakt mit Menschen vor und beschreibt die Angst, abgelehnt zu werden, den Erwartungen nicht zu entsprechen bzw. sich zu blamieren. (Siehe auch S. 160.)

Agoraphobie: Bei der Agoraphobie haben Betroffene die Angst, nicht flüchten zu können, eingesperrt zu sein. Diese Angst tritt vor allem bei großen Menschenansammlungen oder öffentlichen Plätzen auf.

Zwei Sonderformen der Angstzustände können ergänzt werden:

GAD (Generalisierte Angststörung): Eine sogenannte GAD (Generalisierte Angststörung) wird diagnostiziert, wenn über einen Zeitraum von sechs Monaten oder länger mehrere Ängste und Sorgen zu verzeichnen sind.

PTBS (Posttraumatische Belastungsstörung): Eine PTBS (Posttraumatische Belastungsstörung) ist, wenn durch ein sehr belastendes Ereignis (z. B. Krieg, Unfall, Missbrauch) ein verändertes Denken, Fühlen und Handeln erlebt wird. Symptome können beunruhigende Träume, Schlafstörungen, Reizbarkeit, Entspannungsprobleme, Flashbacks, Zwangsverhalten, Vermeidung oder absurde neue Ängste sein. Wenn sich diese nach mehreren Wochen nicht mildern, sondern sich verstärken, sollte dies abgeklärt werden.

Angst hat viele Gesichter.

Kennst du die Bezeichnung Hypsiphobie oder auch Akrophobie? Das ist der Fachbegriff für die weitverbreitete Höhenangst. Agliophobie, Knidophobie, Odynophobie, Ponophobie und Algophobie beschreiben ein und dieselbe Furcht: Die Furcht vor Schmerzen. Und hast du schon mal etwas von Akerophobie gehört? Das ist die Angst vor Griesgrämigkeit. Ja, die gibt es!

Die Liste an möglichen Ängsten ist fast unendlich lang. Man kann vor so gut wie allem Angst haben. Zum Beispiel nennt man die Angst vor Schnee Chionophobie oder die Angst vor Händen Chirophobie (bitte nicht verwechseln). Es gibt die Angst, dick zu werden, welche als Essstörung bezeichnet wird. Die Angst, den Partner zu verlieren, nennt man Eifersucht. Die Angst, sich an einen Menschen festzulegen und zu binden, bezeichnet man als Bindungsangst. Die Angst, abgelehnt, verurteilt oder bewertet zu werden, ist eine soziale Phobie. Es gibt Menschen, die Angst vor Tischen, Wasser, Hasen oder der Luft haben.

DIE VIELEN NAMEN DER ANGST

Auch wenn manche Horrorvorstellungen (Angst vor Schnee, Hasen, Händen etc.) für einige nicht nachvollziehbar sind, sind diese für den Angstpatienten doch real und fühlbar. Jedes Gefühl ist wahr und spiegelt dabei die innere Haltung wider.

Ein Sammelsurium an Erfahrungen und Glaubenssätzen über sich und die Welt hat diese Angst verursacht, über die Zeit bestätigt und manifestiert. Eine Angst kann sich schleichend entwickeln oder plötzlich. Wenn sie aber da ist und sich die Furcht einflößenden Bilder im Kopf abspielen, ist es schwer, aus dem Film auszusteigen und den Schrecken zu vertreiben.

Man kann vor allem Angst haben.

Unbehandelte Ängste werden größer und für den Kopf und Körper immer belastender. Jedes Mal, wenn du dich deinen Ängsten nicht stellst, scheinst du dir zu beweisen, dass du nicht stark genug bist, um dagegen anzukämpfen. Somit wird die Angst wieder ein Stück größer und du ein Stück kleiner. Angst schlägt sich auf den Körper nieder und erhöht die Anfälligkeit für Schlafstörungen, Magen-Darm-Beschwerden, Kopfschmerzen, Konzentrationsprobleme, erhöhten Blutdruck, Schlaganfälle, Süchte etc. Angst nimmt den Verstand ein und belastet den Körper. Angst nimmt dir den Mut, die Triebkraft und trifft wichtige Entscheidungen in deinem Leben für dich. Willst du das?

Die Behandlung ist bei allen Ängsten gleich: sich seiner Angst stellen, Grenzen überwinden, aushalten und loslassen.

Dabei kann dir dieses Buch helfen, wenn du dich darauf einlässt und jede Übung durchführst. Schritt für Schritt wirst du dich selbst besser verstehen und kennenlernen. Du wirst lernen, Grenzen zu überwinden, deine Angstgedanken zu hinterfragen und zu verändern. Du wirst lernen, deine Gefühle wahrzunehmen, zu benennen und wieder loszulassen. Du wirst lernen, dich selbst zu ermutigen, dich anzunehmen und zu lieben. Du wirst neue Verhaltensweisen lernen und Methoden und Techniken, um deine Angst zu vertreiben.

Angst macht auf Dauer krank.

Hier habe ich dir eine Liste an ungewöhnlichen und besonderen Ängsten angefügt. Diese gibt es tatsächlich, und doch wirst du dich über so manche Angst wundern. Sieh dir die Begriffe an und stelle fest, wie viele Ängste du nicht (!) hast.

Allen Hypochondern (Menschen, die eine übertriebene Angst haben, krank zu werden, und dazu neigen, Symptome falsch zu interpretieren) rate ich, die Liste nicht im Detail durchzugehen.

Ablutophobie: Angst, sich zu waschen

Aerophobie: Angst vor Zugluft, dem Einatmen von Luft

Agyrophobie: Angst vor Straßen oder Straßenüberquerungen

Alliumphobie: Angst vor Knoblauch

Amaxophobie: Angst vor dem Autofahren

Ambulophobie: Angst vor dem Gehen

Androphobie: Angst vor Männern

Anglophobie: Angst vor England, englischer Kultur etc.

Anthrophobie: Angst vor Blumen

Apiphobie: Angst vor Bienen

Arachibutyrophobie: Angst davor, dass Erdnussbutter am Mundwinkel hängen bleibt

Arithmophobie: Angst vor Zahlen

Asymmetriphobie: Angst vor asymmetrisch geformten Gegenständen

Aulophobie: Angst vor Flöten

Automysophobie: Angst, schmutzig zu sein

Bakteriophobie: Angst vor Bakterien

Bibliophobie: Angst vor Büchern

Botanophobie: Angst vor Pflanzen

Cherophobie: Angst vor Freude

Chionophobie: Angst vor Schnee

Chirophobie: Angst vor Händen

Chorophobie: Angst vor dem Tanzen

Cyberphobie: Angst vor Computern

Cyclophobie: Angst vor Fahrrädern

Deipnophobie: Angst vor Essenseinladungen oder Tischgesprächen

Dendrophobie: Angst vor Bäumen

Dextrophobie: Angst vor Gegenständen an der rechten Seite des Körpers

Ecclesiophobie: Kirchenangst

Ephebiphobie: Angst vor Teenagern

Epistaxiophobie: Angst vor Nasenbluten

Eurotophobie: Angst vor weiblichen Geschlechtsteilen

Galeophobie : Angst vor Katzen

Geniophobie: Angst vor Kinnen

Genuphobie: Angst vor Knien

Gephyrophobie: Angst davor, Brücken zu überqueren

Gnosiophobie: Angst vor Wissen

Graphophobie: Angst vorm Schreiben

Gymnophobie: Angst vor Nacktheit

Heliophobie: Angst vor der Sonne

Hellenologophobie: Angst vor griechischen Begriffen

Helminthophobie: Angst davor, von Würmern heimgesucht zu werden

Hierophobie: Angst vor Priestern oder heiligen Gegenständen

Hippophobie: Angst vor Pferden

Hippopotomonstrosesquippedaliophobie: Angst vor langen Wörtern

Hylophobie: Angst vor Wäldern

Ichthyophobie: Angst vor Fischen

Kathisophobie: Angst, sich hinzusetzen

Katoptrophobie: Angst vor Spiegeln

Kleptophobie: Angst vor Diebstahl

Klimakophobie: Angst vor Treppen, dem Klettern oder dem Fallen

Klinophobie: Angst davor, ins Bett zu gehen

Koimetrophobie: Angst vor Friedhöfen

Koinoniphobie: Angst vor Räumen

Koitophobie: Angst vor Geschlechtsverkehr

Koniophobie: Angst vor Staub

Kopophobie: Angst vor Müdigkeit

Koprastasophobie: Angst vor Verstopfung

Koulrophobie: Angst vor Clowns

Lachanophobie: Angst vor Gemüse

Ligyrophobie: Angst vor lautem Lärm

Logizomechanophobie: Angst vor Computern

Mageirocophobie: Angst zu kochen.

Makrophobie: Angst vor langem Warten

Melissophobie: Angst vor Bienen

Melanophobie: Angst vor der Farbe Schwarz

Melophobie: Angst vor Musik

Metallophobie: Angst vor Metall

Metrophobie: Angst vor Poesie

Mikrophobie: Angst vor kleinen Dingen

Motorphobie: Angst vor Autos

Mycophobie: Angst vor Pilzen

Nebulaphobie: Angst vor Nebel

Nelophobie: Angst vor Glas

Nephophobie: Angst vor Wolken

Nostophobie: Angst vor dem Nachhausekommen

Ornithophobie: Angst vor Vögeln

Orthophobie: Angst vor Eigentum

Ostraconophobie: Angst vor Schellfisch

Ouranophobie: Angst vor dem Himmel

Papyrophobie: Angst vor Papier

Parthenophobie: Angst vor Jungfrauen

Pedophobie: Angst vor Kindern

Peladophobie: Angst vor nackten Menschen

Pentheraphobie: Angst vor Schwiegermüttern

Phonophobie: Angst vor Lärm

Phronemophobie: Angst zu denken

Phthiriophobie: Angst vor Läusen

Placophobie: Angst vor Grabsteinen

Plutophobie: Angst vor Reichtum

Pluviophobie: Angst vor Regen

Pogonophobie: Angst vor Bärten

Pteronophobie: Angst davor, von Federn gekitzelt zu werden

Rektophobie: Angst vor Darmerkrankungen

Rhytiphobie: Angst davor, Pickel zu bekommen

Rupophobie: Angst vor Schmutz

Russophobie: Angst vor Russen, ihrer Kultur etc.

Scoleciphobie: Angst vor Würmern

Sesquipedalophobie: Angst vor langen Wörtern

Siderodromophobie: Angst vor Zugfahrten

Sinophobie: Angst vor Chinesen, ihrer Kultur etc.

Soceraphobie: Angst vor den Schwiegereltern

Spektrophobie: Angst vor Geistern

Staurophobie: Angst vor Kreuzen

Suriphobie: Angst vor Mäusen

Symmetrophobie: Angst vor Symmetrie

Syngenesophobie: Angst vor Verwandten

Telephonophobie: Angst vor Telefonen

Triskaidekaphobie: Angst vor der Zahl Dreizehn

Tripophobie: Angst vor Lochstrukturen

Tropophobie: Angst vor Veränderung

Uranophobie: Angst vor dem Himmel

Venustraphobie: Angst vor schönen Frauen

Vestiphobie: Angst vor Bekleidung

Vitricophobie: Angst vor Stiefvätern

Xanthophobie: Angst vor der Farbe Gelb

Xylophobie: Angst vor hölzernen Gegenständen

Zemmiphobie: Angst vor Maulwürfen

Liste mit freundlicher Genehmigung von Richard L. Fellner (https://www.psychotherapiepraxis.at)

Die Liste kann für den ein oder anderen beunruhigend sein. Mit der richtigen Einstellung kann sie auch befreiend oder entlastend wirken. Denn von diesen zahlreichen Ängsten plagt dich ein winzig kleiner Bruchteil. So viele Ängste hast du nicht und beschweren somit Gott sei Dank auch nicht dein Leben. Wie frei du in Wirklichkeit von Ängsten bist. Wie wenig dich doch ängstigt bei dieser gewaltigen Auswahl.

Nenne acht Ängste der Angstliste, die du nicht hast!

Wie fühlt es sich an, so viele Ängste nicht zu haben?

____

____

Was sagt dies über deine Person?

____

____

Vergleiche dich nur mit dir selbst.

Vergleiche können helfen, um sich gut zu fühlen, aber auch um sich schlecht zu fühlen. Wenn du dich ständig mit den Personen vergleichst, denen es besser geht als dir, dann fühlst du dich natürlich schlecht. Vergleichst du dich mit Personen, die weniger Talent, Fähigkeiten oder finanzielle Mittel haben, wirst du dich blitzartig besser fühlen.

Solltest du dein Singtalent mit einer Ariana Grande oder Helene Fischer vergleichen, wirst du die Differenz feststellen und vermutlich frustriert sein. Wenn du mit Freunden in eine Karaokebar gehst und den anderen mutigen Freiwilligen zuhörst, wie sie mit falschen Tönen um ihr Leben singen, wirst du dich normal und akzeptiert fühlen sowie Mut und Kraft schöpfen, um selbst auf die Bühne zu gehen.

So ist es auch mit der Angst. Wenn du Angst vor Spinnen hast, wird es jemanden geben, der Angst vor Aufzügen hat, die um einiges öfter im Leben vorkommen und das Leben mehr einschränken. Wenn du Angst vor Ablehnung hast, wird es jemanden geben, der noch schlechter damit umgehen kann, oder auch jemanden, der allein schon beim Anblick von Menschen Angst bekommt. Werde dir bewusst, dass deine Angstausprägung selten so schlimm ist, wie du denkst. Es gibt Menschen, die sind noch ängstlicher, noch eingeschränkter durch ihre Sorgen und Zweifel. Du bist nicht allein - und schon gar nicht der entmutigtste, befangenste, vorsichtigste und furchtsamste Mensch dieser Welt.

Vergleiche dich nur mit dir selbst. Frage dich: »Bin ich mutiger als gestern? Habe ich heute meine Angst ein Stückchen besser im Griff gehabt? Habe ich mich um zumindest 1% verbessert? Was habe ich schon von Beginn meines Lebens als Kleinkind bis jetzt alles erreicht und geschafft (siehe auch Erfolgstreppe)? Bin ich nicht schon stark geworden, hab vieles überwunden und vieles gelernt? Waren nicht so viele schöne Erinnerungen auf diesem Weg bis zum heutigen Tag? Wird es nicht noch so viel geben, das ich erleben möchte?

Was habe ich schon alles geschafft?

____

____

____

____

Was sind meine Stärken?

Wie kann ich meine Stärken einsetzen, um meine Ängste zu besiegen?

SOZIALE PHOBIE

Die soziale Phobie ist in jedem Menschen verankert, nur bei manchen mehr, bei anderen weniger stark ausgeprägt. Sie zählt zur häufigsten psychischen Erkrankung und soll laut mehreren Studien bei zwölf von hundert Menschen einmal im Leben auftauchen.

Den Wunsch, dazuzugehören, anerkannt und gemocht zu werden, hat jede Person auf dieser Welt. Die daraus resultierende Angst, abgelehnt, weggestoßen zu werden, sich zu blamieren oder nicht gemocht zu werden, stammt aus der Steinzeit. Denn hier musste man zur Herde dazugehören, um zu überleben. Nur die Arbeitsteilung und der Zusammenhalt im Team machten es möglich, das Feuer am Brennen zu halten, wilde Tiere zu vertreiben, Beeren zu sammeln und auf die Kinder zu achten. Alleine hatte man schlechte Chancen zu überleben. Der Mensch ist ein Herdentier und braucht soziale Kontakte, um glücklich zu sein. Menschen und deren Nähe sowie Bestätigung tragen unweigerlich zum Wohlbefinden und gesunden Aufwachsen und glücklichen Leben bei.

Dies bestätigte auch ein Experiment mit Neugeborenen aus dem 13. Jahrhundert. Friedrich II wollte feststellen, welche Sprache Kinder entwickeln, wenn sie ohne Ansprache und Zuneigung aufwachsen. Daher isolierte er sie vollkommen von der Außenwelt. Man verbot den Dienstmädchen, mit ihnen zu sprechen, und durfte sich nur um das Überlebenswichtige kümmern: Essen, Trinken, ein Bett, frische Windeln. Sie wurden versorgt, bekamen jedoch keine Liebe und Zuneigung. Sie wurden nicht gehalten, beim Weinen nicht an die Brust gedrückt, und niemand sprach auch nur ein Wort mit ihnen. Keines der Kinder überlebte, obwohl sie ausreichend Nahrung hatten und keine anderen Mangelerscheinungen. Man geht davon aus, dass sie starben, weil ihnen die menschliche Nähe und Liebe fehlte. Über den genauen Hergang des Experiments ist wenig bekannt. Die Worte des Kaisers in seinen Aufzeichnungen lauteten: »Sie vermochten nicht zu leben ohne das Händepatschen und das fröhliche Gesichterschneiden und die Koseworte ihrer Ammen.«

Harry Frederick Harlow hat einen ähnlichen Versuch mit Affenbabys gemacht. Den Äffchen wurde jeglicher soziale Kontakt zu den Artgenossen entzogen. Sie starben nicht, waren aber im Erwachsenenalter stark verhaltensauffällig. Viele von ihnen waren auch äußerst ängstlich. Soziale Bindungen sind relevant für ein gesundes Heranwachsen.

Somit ist klar, dass wir alle andere Menschen brauchen. Umso schwieriger ist es, eine soziale Phobie abzulegen, denn sie ist tief in uns verwurzelt. Wir wollen den Kontakt zu Menschen, und gleichzeitig machen uns die Menschen Angst. Betroffene, die diese Angst besiegt haben, schafften dies durch zahlreiche Kontakte mit anderen Lebewesen. Die Ängste bewahrheiteten sich nicht, und sie konnten Selbstvertrauen aufbauen.

Menschlich zu sein bedeutet,
andere zu brauchen.
Das ist keine Schwäche.

Oft wird Schüchternheit mit einer sozialen Angst verwechselt. Schüchternheit ist eine Charaktereigenschaft, die verschwindet, wenn man oft mit derselben Person spricht. Es handelt sich hierbei um Zurückhaltung, und Kontakte werden nicht zur Gänze gemieden. Die Angst, etwas Falsches zu sagen oder sich peinlich zu verhalten, spricht nicht gleich für eine Soziophobie. Zu erröten, zu schwitzen oder zu stottern ist aufgrund von Angstgedanken normal. Die Häufigkeit und Dauer bietet Aufschluss. Ein weiteres Kennzeichen für eine ausgeprägte soziale Angst ist das konkrete Vermeiden von sozialen Interaktionen oder die häufige Verwendung bzw. der Missbrauch von Medikamenten (Beruhigungstropfen, Alkohol, Cannabis etc.), um sich überhaupt auf soziale Kontakte einlassen zu können.

Manche Kinder waren nie schüchtern, zeigten keinerlei Ängste oder Sorgen. Andere dagegen sind von klein auf eher ängstlich und trauen sich nicht so viel. Einige Klienten berichten mir, dass sie schon als Kind extrem ängstlich waren, ängstlicher als all ihre Freunde. Sie trauten sich nicht, auf einen Baum zu klettern oder alleine zu rutschen. Andere meinten, dass die Angst plötzlich und vollkommen unerwartet aufgetaucht ist und das ängstliche Verhalten nicht in ihrer Natur lag. Soziophobie ist zum Teil auch Veranlagung. Sozialforscher, Genetiker, Mediziner und Genökonome wie Philipp Köllinger, Abdel Abdellaoui und Nathaniel Comfort haben bewiesen, dass die Genetik eine Rolle spielt und manche Menschen auf eine natürliche Art zur Zurückhaltung bzw. zu einer Hemmung neigen. Kinder von sozialphobischen Eltern sind häufiger von einer Soziophobie betroffen – einerseits aufgrund des Erbguts, andererseits aufgrund des Nachahmens und Modelllernens (siehe S. 127).

Soziale Angst liegt in den Genen,
wird anerzogen oder gelernt.

Wie im nächsten Kapitel »Angstentstehung« noch genauer beschrieben, entstehen viele Ängste aufgrund von negativen Erfahrungen. Die erste große Liebe hat einen betrogen, die Kinder in der Schule haben einen gehänselt, der Skilehrer hat einen bei den ersten Skistunden gedemütigt und den Spaß daran genommen. Einschneidende oder sozial belastende Erlebnisse in der Kindheit oder Jugend sind häufig der Grund der entstandenen Angst. Wenn Kinder stark verunsichert werden und dann an sich zweifeln, ist es schwer, dies wieder aus dem Kopf zu bekommen. Natürlich möchte der Mensch sich nicht absichtlich weiter verletzen und entzieht sich dem schmerzlichen Erlebnis und weiteren Situationen, die dasselbe Gefühl wieder erzeugen könnten.

Nicht nur Erfahrungen spielen eine Rolle, auch die Erziehung. Wenn die Eltern viel kritisieren und das Kind wenig Liebe und Zuneigung haben spüren lassen, kann dieses nur schwer ein gutes Selbstwertgefühl entwickeln. Immer wieder wird in der Erziehung der Fokus auf die Fehler gerückt, was dem Kind das Gefühl gibt, ständig alles falsch zu machen. Selbstverständlich möchte man dann auch nicht vor anderen Fehler machen und denselben Hohn von den Zusehern erhalten. Doch auch überfürsorgliche Eltern erziehen ihre Nachkommen dazu, Angst vor allem Möglichen zu haben. Wenn sie dem Nachwuchs nicht ermöglichen, die soziale Interaktion zu üben, werden sie später schneller verunsichert sein, da ihnen die Übung fehlt. Soziale Kontakte sind für Kinder ein wichtiges Trainingsfeld.

Ein weiterer Faktor ist, was die Eltern oder erziehenden Personen von der Meinung anderer halten. Wird viel Wert darauf gelegt, was andere denken oder sagen könnten, lernt auch das Kind, die Beurteilung anderer Menschen als überaus wichtig anzusehen, was die Angst verstärkt.

Zum Beispiel habe ich eine Klientin, nennen wir sie Katja, die mit über dreißig Jahren nach wie vor in der von den Eltern erschaffenen Welt gefangen gehalten wird. Die Meinung anderer, was diese sagen oder denken könnten, bestimmt unweigerlich jede Handlung. Sie hat mir erzählt, dass sie sich furchtbar schlecht gefühlt hat, weil sie um fünf Uhr nachmittags dem Nachbarn in Jogginghose die Tür geöffnet hatte. »Der hat sicherlich gedacht, dass ich faul bin. Mir war das sehr unangenehm. Ich konnte mich nicht auf das Gespräch konzentrieren, da ich in Gedanken immer wieder bei meinem schrecklichen Auftreten war.« Katjas Eltern haben ihr immer wieder gesagt, dass sie sich zurechtmachen muss, dass sie schrecklich aussieht und die Leute sie deshalb verurteilen würden. In der Pubertät wurde sie von den Eltern immer wieder auf ihre fettigen Haare angesprochen. Sie wollten nicht mir ihr rausgehen, wenn sie nicht frisch gewaschene Haare hatte.

Ein Bekannter erzählte mir, dass die Mutter oft heimlich rauchte. Sie hat die Zigaretten immer versteckt und sich danach mit einer dicken Parfümwolke eingesprüht. Der Bekannte hat sich das Verhalten abgeschaut und natürlich vor den Eltern dasselbe Verhalten gezeigt. Er hatte ja bei der Mutter gelernt, dass dies etwas ist, was es zu verstecken gilt. »Man ist nur so gut wie das, was die Menschen über einen sagen.«

Doch der Wert seiner selbst, die Persönlichkeit, ist nicht das, was ein anderer einem zuschreibt. Niemand kann dir deinen Wert geben. Es gibt kein Preisschild, das dir von deinem Gegenüber umgehängt werden kann. Dein Charakter wird durch dich geformt, nicht durch die Meinung anderer. Du bleibst du, egal, welche Note dir ein Lehrer gibt oder was über dich gesprochen wird.

Zeigen deine Eltern Züge einer Soziophobie? Wenn ja, welche? Hast du hier Denkweisen und Verhalten übernommen?

____

____

____

____

____

____

Welche Ängste hatten deine Eltern, die du übernommen hast?

Welches Verhalten war deinen Eltern besonders wichtig?

Auf welche Fehler bzw. »falsche« Verhaltensweisen wurdest du oft hingewiesen?

Welche Denkweisen und Glaubenssätze hast du dadurch über das »richtige Verhalten« in Kontakt mit Menschen entwickelt?

Welche sozialen Ängste haben sich durch negative Erfahrungen entwickelt?

Welche Ängste hattest du im Umgang mit Menschen als Kind oder Jugendlicher, die du ablegen konntest?

Wie konntest du diese Ängste besiegen?
Was waren Schlüsselerfahrungen?

SELBSTTEST: LEIDE ICH UNTER SOZIOPHOBIE?

Soziophobie ist weltweit verbreitet und belastet Abertausende Menschen auf diesem Planeten. Dieser Test zeigt, wie viel soziale Angst in dir steckt.

Der Mut, glücklich zu sein,
beinhaltet auch den Mut,
nicht gemocht zu werden.

Kreuze die auf dich zutreffenden Aussagen an.

- ☐ Ich denke oft, dass mit mir etwas nicht stimmt und ich anders als die anderen bin.
- ☐ Es ist eine schreckliche Vorstellung, dass mir andere bei der Erledigung meiner Aufgaben zusehen.
- ☐ Ich sage oft Veranstaltungen ab, bei denen ich auf viele fremde Menschen treffe.
- ☐ Ich komme mit anderen nur schwer zurecht.
- ☐ Mir ist es sehr wichtig, gemocht zu werden.
- ☐ Ich habe wenig Erfahrung im Umgang mit Menschen.
- ☐ Ich habe das Gefühl, ich verstehe Aussagen von anderen oft falsch, sodass ich schlecht dastehe oder mich angegriffen fühle.

- [ ] Wenn andere merken, wie ich wirklich bin, wollen sie nichts mehr mit mir zu tun haben.
- [ ] Ich verhalte mich oft peinlich vor anderen Leuten.
- [ ] Wenn ich mit anderen spreche, bin ich mehr in deren Kopf und mache mir Gedanken, was sie denken könnten, als in meinem.
- [ ] Andere bemerken meine Unsicherheit und mögen mich dadurch weniger.
- [ ] Wenn ich vor anderen sprechen muss, zerbreche ich mir tagelang davor den Kopf.
- [ ] Blickkontakt kann ich nur schwer halten.
- [ ] Small Talk mag ich nicht, kann ich nicht und führe ich nicht.
- [ ] Andere betrachten mich oft mit prüfenden und abschätzigen Blicken.
- [ ] Ich fühle mich in Gruppen oft nicht willkommen.
- [ ] Ich schwitze, erröte oder zittere schnell in Situationen mit anderen Menschen.
- [ ] Ich wurde schon von anderen Menschen öffentlich ausgelacht oder gedemütigt.
- [ ] Ich habe oft Angst, die Erwartungen anderer nicht erfüllen zu können.

- [ ] Ich reagiere oft mit unangebrachten Reaktionen, wie z. B. Lachen, Weinen, unkontrollierten Zuckungen.

- [ ] Ich bin nervös, spreche schneller, werde tollpatschig und werfe etwas um.

- [ ] Ich vermeide es, anderen zu begegnen, z. B. wechsle ich die Straßenseite oder versuche mich zu verstecken.

- [ ] Ich hasse Stille in einer Unterhaltung und bereite mich gründlich auf Gespräche vor, oft mehrere Tage.

- [ ] Vor sozialen Events kann ich nur schwer einschlafen.

Summe: ______________________________

Bevor wir zur Auswertung kommen: Keine Sorge, es ist normal, gemocht, akzeptiert und nicht blamiert oder ausgelacht werden zu wollen. Sollte diese Angst dich jedoch massiv einschränken, dich von zahlreichen Erlebnissen abhalten und dir auch nachts noch Kopfzerbrechen bereiten, dann solltest du diese behandeln lassen. Grundsätzlich ersetzt dieser Test keine ärztliche Diagnose.

Solltest du eine soziale Phobie feststellen, ist das kein Grund zur Panik. Du hast dieses Buch in den Händen, weil du an dir arbeiten möchtest. Das ist der erste und wichtigste Schritt auf deiner Reise. Menschen können sich ändern, weiterentwickeln, ihre Ängste besiegen und noch stärker werden.

Es ist normal, gemocht werden und Fehler vermeiden zu wollen.

0-9 Kreuze: Manche Interaktionen mit Menschen bereiten dir Kopfzerbrechen. Nicht immer bist du ein Menschenfreund, aber das ist vollkommen in Ordnung. Es gibt Situationen, die es für dich noch zu meistern gilt und in denen du mehr Selbstbewusstsein vertragen könntest. Mit der Übung kommt die Sicherheit. Du hast schon viele Ängste überwunden und wächst jeden Tag ein Stückchen mehr. Das ist großartig! Sei nicht zu streng zu dir selbst, wir alle haben Ängste. Wir alle wollen akzeptiert und gemocht werden, das ist normal. So auch so manche Sorge, die dich belastet. Lasse mehr auf dich zukommen, sprich dir gut zu, nutze die Übungen in diesem Buch und mach weiter so! Du bist großartig, genauso wie du bist!
10-24 Kreuze: Soziale Interaktionen belasten dich stark. Für dich ist es nur allzu oft eine Herausforderung, mit Menschen in Kontakt zu treten. Zu viel könnte passieren, was dein Selbstwertgefühl weiter in den Keller treibt. Leider kann dein Selbstvertrauen in diesen Situationen nur wachsen, wenn du bereit bist, dich diesen zu stellen. Arbeite mit positiven Glaubenssätzen, nimm Leute mit, denen du vertraust und die dich stärken können. Sprich deine Unsicherheit offen an und nimm so manchen Patzer mit Humor hin. Keiner möchte zugeben, Fehler zu machen und nicht perfekt zu sein, jedoch sind wir das alle - unperfekt, fehlerhaft, menschlich. Die Sorgen, die du hast, hat auch jeder andere, so auch dein Gegenüber. Sei dir bewusst, dass deine Sorgen menschlich sind, dich schützen wollen, aber im Endeffekt nur zurückhalten. Lass die Angst nicht dein Leben bestimmen und Entscheidungen für dich treffen. Glaube an dich, nutze dieses Buch und wachse über dich hinaus! Du kannst das!

DIAGNOSEN SIND NICHT IMMER HILFREICH

Ich bin kein Freund davon, allen Beschwerden immer sofort einen Namen zu geben. Sobald die Diagnose und ein konkreter Name der Krankheit folgen, neigen Menschen nämlich dazu, sich darauf auszuruhen. So passiert es häufig, dass Kinder, die eine diagnostizierte ADHS-Erkrankung haben, von vornherein sagen: »Ich kann nicht ruhig sitzen! Das ist nicht meine Schuld, ich bin so! Das ist das ADHS!« Wir schieben unser Verhalten auf die Krankheit selbst und geben somit die Verantwortung für unser Handeln ab. Plötzlich haben wir das Gefühl, unterlegen zu sein, nicht aus unserer diagnostizierten Krankheit und deren Beschreibung entkommen zu können. Wir überlassen der Erkrankung selbst einen Teil unserer Identität. »Ich bin nun mal so.«

Eine Diagnose ist nicht immer hilfreich.

Sollte man ein Kind also überhaupt auf Lernschwäche testen lassen? Sollte man Menschen sagen, dass sie Legasthenie oder Dyskalkulie haben? Sollte man Personen bestätigen, dass sie nie wieder laufen können, wenn die Chance gering ist?

Das ist schwer zu sagen. In manchen Fällen kann eine Diagnose auch Erleichterung verschaffen, die Erkenntnis darüber, endlich zu wissen, was in einem vorgeht, den Weg für eine passende Therapie ebnen. Doch manchmal sinkt die Zuversicht auch mit der Diagnose.

Die Hoffnung stirbt mit jedem Tag mehr, an dem man sich die Beschreibung des Arztes mit all der Symptomatik und dem Verlauf durchliest.

Doch ganz gleich wie: Die größte Chance auf Heilung haben diejenigen, die an sich glauben, egal, wie die Diagnose heißt.

Dies ist kein falscher Optimismus oder Naivität, das ist das Geheimrezept für Glück, Mut und Freiheit.

*Gib dem Kind **keinen** Namen.*

Sobald das Kind im Bauch einen Namen hat, ist es real und greifbar nah. Man sieht es schon in den eigenen Händen, lebendig und atmend. Davor wirkt es oft unwirklich. Genauso kann die Benennung einer Angsterkrankung oft mit der Identifikation der Symptomatik einhergehen und die Genesung verhindern.

Es ist auch erwiesen, dass Menschen, die sich die Verpackungsbeilage von Medikamenten durchlesen, vermehrt über Unverträglichkeiten klagen. Dies nennt man »Priming«. Priming beschreibt die unbewusste Verarbeitung eines Reizes, welche zur schnelleren Verfügbarkeit von Wissen und Schlussfolgerungen führt. Es ist also eine mehr oder weniger unbewusste Lenkung, Steuerung oder Beeinflussung. Das Gehirn merkt sich natürlich die möglichen schrecklichen Konsequenzen besser als das, was gut laufen könnte, um den Menschen zu schützen. Daher klagen vermehrt Patienten über die in der Verpackungsbeilage möglichen Beschwerden als andere, die diese nicht gelesen haben. Das Gehirn hat diese abgespeichert und achtet umso genauer auf diese.

Konzentriere dich stattdessen auf den Weg aus der Angst, fokussiere dich auf das, was du schaffen möchtest, und halte dich nicht zu lange mit der Diagnose, deren körperlichen Erscheinungen und deren vorgezeichnetem Verlauf auf.

Wir können uns selbst positiv oder negativ beeinflussen.

Das, was wir suchen, werden wir auch finden.

Zeitungsartikel und die Berichterstattung in den sozialen Medien beeinflussen uns jeden Tag, mehr oder weniger bewusst. Die Aussagen von Arbeitskollegen beeinflussen unsere Meinung, Haltung und persönliche Darstellung. Instagram beeinflusst unsere Vorstellung vom perfekten Körper und Leben. Werbung sagt uns jeden Tag, was wir brauchen, und beeinflusst unser Kaufverhalten. Es ist nicht möglich, sich all den Einflüssen der Umwelt zu entziehen. Es ist jedoch möglich, sich hinzusetzen, Zeit zu nehmen, nachzudenken, zu reflektieren und sich zu fragen, was die persönliche Meinung zu einer bestimmten Sache ist, wie man sich dabei fühlt, was man wirklich braucht und für sein Leben möchte.

Setze dich zumindest ein Mal in der Woche hin und frage dich Folgendes:

Was habe ich diese Woche gehört, gelesen und gesehen?

____

____

____

____

Wie geht es mir?

Was brauche ich? Was würde mir guttun?

Was möchte ich jetzt ändern?

Was waren die Highlights meiner Woche? Was hat mir gut gefallen? (Mind. drei Aufzählungen)

Was habe ich diese Woche gut gemacht? Worauf bin ich stolz? (Mind. drei Aufzählungen)

Wenn du dich mehr auf dich selbst konzentrierst und deine Ziele, wirst du eher auf Kurs bleiben. Auch sich die eigenen Wertvorstellungen immer wieder vor Augen zu führen, zu fragen, wie es einem geht und was einem guttun würde, hilft, zu sich zurückzufinden. Für das wöchentliche Reflektieren empfehle ich auch mein »Workbook – Eine Reise zu mir selbst«.

Hinsetzen, nachdenken und fühlen.

Beeinflusse dich selbst positiv, indem du deine Glaubenssätze (siehe »Affirmationen«) auf Zettel oder in Notizbücher schreibst und in der Wohnung aufhängst, in der Geldtasche bei dir trägst oder dir immer wieder sagst. Zum Beispiel kannst du einen Zettel aufhängen mit: »Ich bin stärker als meine Angst«. Beeinflusse dich selbst positiv, indem du die Übungen in diesem Buch machst, siehe Kapitel »Angstbewältigung«.

8.

Wie viel Angst steckt in mir?

Eine Angst kann unterschiedlich stark ausgeprägt sein. Von leichter Nervosität und erlebtem Stress bis hin zu einer Panikattacke oder Angststörung. Je intensiver das Gefühl ist, umso mehr reagiert der Körper. Je mehr Stressoren (Stressauslöser) hinzukommen, umso leichter wird die Angst getriggert und erlebt. Die Vorstufe von Angst ist Stress. Stress ist eine leichte Dauerangst, die mit denselben körperlichen Symptomen auftritt: schnelle Atmung, Herzklopfen, Schweißausbrüche, Zittern, geweitete Pupillen etc. Bei manchen ist es in der Brust deutlich zu spüren, wenn ein unangenehmer Druck in der Herzregion wahrgenommen wird. Andere fühlen es im Bauch und beschreiben es mit einem flauen Gefühl im Magen. Manche vernehmen einen kalten Schauer, der über den Rücken läuft oder auch über die Arme und Beine. Die Haare stehen einem zu Berge - zumindest auf dem Unterarm gut ersichtlich. Auch im Kopf ist es spürbar, ob es ein Kopfstechen oder auch Kopfdruck ist, der einem die bedrohliche Gedankenwelt körperlich darstellt.

Da ist so viel in mir,
was noch entdeckt werden möchte.

Egal, in welcher Körperregion sie zu spüren ist: Angst wird stets sehr ähnlich gefühlt und beschrieben. Je stärker die Angst, umso mehr ist der Körper involviert und reagiert.

Zeichne all deine körperlichen Angstsymptome hier ein. Markiere die entsprechenden Stellen, welche bei Angst spürbar werden. Verwende dafür zwei unterschiedliche Farben. Eine Farbe markiert die Körperstellen, die bei leichter Angst und Stress spürbar sind, die zweite Farbe zeigt die gefühlten Körperbereiche bei starker Angst.

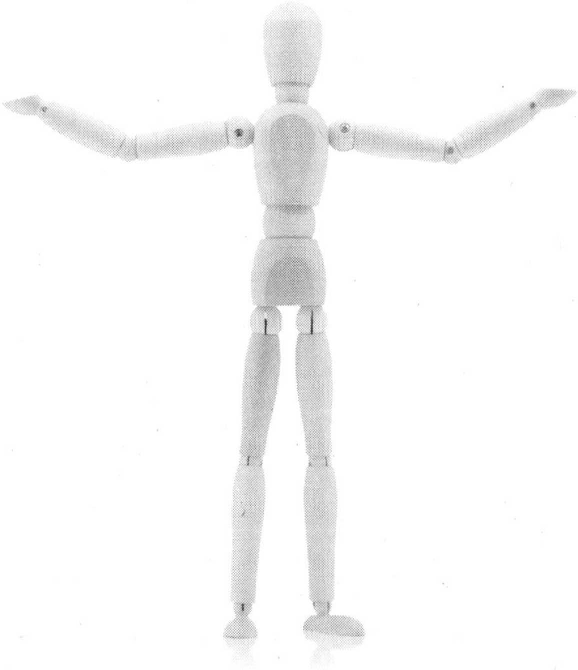

Du bist mehr als deine Symptome. Male nun alle Stellen, die betroffen sind, bunt an - verziere diese mit Blumen, Herzen, Regenbögen oder Sternen. Nutze innere Bilder (folgende Seiten), um diese körperlichen Symptome zu verwandeln.

Lerne dich, deinen Körper und Angstsymptome kennen.

Was hilft dir, deinen Körper zu beruhigen?

SELBSTTEST: ANGSTGEDANKEN

	oft	nie
Ich bin ein Mensch, der viel nachdenkt bzw. zerdenkt.	☐	☐
Erfolge nehme ich kaum wahr. Stolz bin ich selten auf mich.	☐	☐
Die Meinung anderer ist mir sehr wichtig. Dies belastet mich oft.	☐	☐
Es fällt mir schwer, Situationen realistisch einzuschätzen.	☐	☐
Ich sehe eher Probleme und Fehler als Chancen.	☐	☐
Es fällt mir schwer, bei Herausforderungen positiv zu denken.	☐	☐
Ich bin sensibel und schnell gekränkt.	☐	☐
Ich denke mehrmals täglich über meine Ängste nach.	☐	☐
Negative Erlebnisse bleiben mir tagelang im Kopf bzw. kommen mir immer wieder in den Sinn.	☐	☐
Ich vertraue mir selbst nicht.	☐	☐

	oft	nie
Ich werde schnell nervös und unruhig.	☐	☐
Schwierige Aufgaben meide ich so gut es geht oder versuche, diese an andere Menschen abzugeben.	☐	☐
Ich kann schwer einschätzen, was ich kann und was nicht.	☐	☐
Sorgen begleiten mich ständig.	☐	☐
Meine Ängste schränken meine Lebensqualität ein.	☐	☐
Ängste treffen Entscheidungen für mich.	☐	☐
Durch meine Ängste ziehe ich mich immer mehr zurück.	☐	☐
Ich fühle mich oft unverstanden und alleine.	☐	☐
Um meine Ängste zu bekämpfen, benutze ich Alkohol, Zigaretten, Medikamente o. Ä.	☐	☐
Die Angst gefährdet meine Partnerschaft.	☐	☐

	oft	nie
In meiner Arbeit bin ich durch meine Ängste gehemmt.	☐	☐
Meine Freizeit leidet massiv unter meinen Ängsten.	☐	☐
Ich zweifle häufig an mir selbst.	☐	☐
Ich fühle mich schnell hilflos und überfordert.	☐	☐
Mein Körper zeigt häufig Stresssymptome (Zittern, Bauchweh, Kopfweh, Schweiß, Schnellatmigkeit, Herzrasen etc.)	☐	☐
Die Ängste werden eher schlimmer als besser.	☐	☐
Andere Menschen können meine Ängste nicht nachvollziehen.	☐	☐
Mich meinen Ängsten zu stellen vermeide ich weitgehend.	☐	☐
Ich habe nicht das Gefühl, genügend Kraft und Stärke zu haben, um meine Angst bekämpfen zu können.	☐	☐

	oft	nie
Durch die Ängste werde ich immer depressiver.	☐	☐
Im Kopf bin ich meist in der Zukunft oder Vergangenheit, selten im Moment.	☐	☐

Summe: ______________________________

0–4 Kreuze: Oft bist du eine starke, unabhängige Persönlichkeit, die keinerlei Probleme hat, sich den Herausforderungen des Lebens zu stellen. Du glaubst an dich und weißt, dass du schwierige Situationen meistern wirst. Mit diesem Mindset kann dich nichts aufhalten. Sollten dich manche Ängste noch zurückhalten, kannst du mit diesem Buch daran arbeiten. Ich bin stolz auf dich und wünsche dir alles Gute auf deinem Weg!

Du kannst nicht wachsen,
wenn du dich belügst.

5–9 Kreuze: Du zweifelst oft an dir. In manchen Situationen bist du selbstbewusst, in anderen fällt es dir schwer, aus dir herauszukommen und an dich zu glauben. Sorgen sind bis zu einem gewissen Grad normal, solange sie dein Leben nicht massiv einschränken und dich persönlich belasten. Hier ist der Übergang von Gefühl und Angststörung schleichend. Um nicht in eine Angsterkrankung zu rutschen, musst du dich deinen Ängsten stellen. Die folgende Übung wird dir helfen, dich stärken und leichter durchs Leben wandern lassen. Sei stolz auf dich, sprich dir gut zu und gehe deinen Weg. Du wirst mit jeder Erfahrung stärker, selbstbewusster, mutiger und erfolgreicher. Versuche, dich auf die Dinge zu konzentrieren, die gut laufen, die du kannst und dich auch gut fühlen lassen. Wenn negative Gedanken, Zweifel oder Sorgen aufkommen sollten, sage laut »Stopp« und verändere den gedachten Satz. Denn positive Gedanken werden dafür sorgen, dass du dich gut fühlst, und somit wirst du handlungsfähig in den herausfordernden Situationen. Wäre das Leben nicht schön mit weniger Sorgen und Selbstzweifeln? Dieses Leben ist auch für dich möglich! Wenn du es dir vorstellen kannst, wirst du es auch erreichen. Schön, dass du dir dieses Buch gekauft hast, um an dir zu arbeiten. Das zeigt, dass du es willst. Wenn du es willst, wirst du es auch schaffen. Du bist wunderbar, so wie du bist. Glaube an dich, denn ich tu es.

Du kannst alles schaffen.
Nur nicht alles zur selben Zeit.

10–31 Kreuze: Oft denkst du sehr negativ. Du pflegst keinen liebevollen Umgang mit dir selbst, noch hast du den Glauben an dich, etwas schaffen zu können. Die Antworten lassen auf eine Angststörung hinweisen. Dies sollte von einem Facharzt oder Spezialisten untersucht werden. Der Mensch erkrankt immer wieder mal in seinem Leben. Du hast bestimmt schon viele Krankheiten überwunden und kannst auch diese erfolgreich bekämpfen. Du bist wunderbar, so wie du bist. Jedes Gefühl ist legitim und hat seine Berechtigung. Nutze diese negativen Emotionen, um Kraft daraus zu schöpfen. Versuche, dich auf die Dinge zu konzentrieren, die gut laufen, die du kannst und die dafür sorgen, dass du dich gut fühlst. Wenn negative Gedanken, Zweifel oder Sorgen aufkommen sollten, sage laut »Stopp« und verändere den gedachten Satz in etwas Positives. Denn positive Gedanken werden dich gut fühlen lassen, und somit wirst du handlungsfähig in den herausfordernden Situationen. Der Weg aus der Angst führt durch die Angst, daher ist es unumgänglich, sich deinen Ängsten zu stellen und diese zu bearbeiten. Wäre das Leben nicht schön mit weniger Sorgen und Selbstzweifeln? Dieses Leben ist auch für dich möglich! Dazu brauchst du »nur« Offenheit, Selbstliebe, positiven Zuspruch und den Glauben an dich selbst. Schön, dass du dir dieses Buch gekauft hast, um daran zu arbeiten. Das zeigt, dass du es willst. Wenn du es willst und dir gedanklich vorstellen kannst, kannst du jeden Stein, der dir in den Weg gelegt wird, überwinden. Ich glaube an dich, also glaube du bitte auch an dich!

Bestrafe dich nicht selbst.
Du tust es nur, um dich zu schützen
und nicht zu leiden.

Nimm die angekreuzten »Symptome« her. Die Lösung ist das Gegenteil des Ausgewählten. Die konträren Gedanken sind genau das, was dir hilft. Sieh dir deine Aussagen an und formuliere sie um.

~~*Es fällt mir schwer, Situationen realistisch einzuschätzen.*~~
Ich schätze Situationen realistisch ein.

~~*Ich sehe eher Probleme und Fehler als Chancen.*~~
Ich sehe die Chancen und Möglichkeiten.

~~Es fällt mir schwer, bei Herausforderungen positiv zu denken.~~
Ich gehe positiv an Herausforderungen ran. Ich kann alles schaffen, was ich will.

~~Ich bin sensibel und schnell gekränkt.~~
Ich bin stark und habe meine Gefühle unter Kontrolle.

~~Negative Erlebnisse bleiben mir tagelang im Kopf bzw. kommen mir immer wieder in den Sinn.~~
Negatives nehme ich wahr und kann ich leicht zur Seite schieben.

Merkst du den Unterschied im Fühlen, wenn du die positiven Sätze liest?

Verwandle die angekreuzten Aussagen im Test in ihr Gegenteil. Finde hilfreiche Gedanken, die dir in der Situation helfen werden.

Wie fühlen sich diese Aussagen an?

Wann möchtest du diese einsetzen und aktiv denken?

Welche Aussagen ermöglichen dir ein flexibleres Handeln – die angekreuzten oder die neu entwickelten abgewandelten Sätze?

Was sagt dir das über deine vorherrschenden Gedanken und deine Denkweise?

____

____

____

____

____

____

Weitere bestärkende Aussagen und Denkansätze findest und erarbeitest du dir im Kapitel »Affirmationen«.

9.

Vier Formen & Bewältigungsstrategien der Angst

Welche Strategie wählst du, wenn du Angst verspürst? Was hat dir in jungen Jahren geholfen und was wendest du heute noch an? Ziehst du dich zurück, oder brauchst du andere Menschen, damit es dir besser geht? Helfen dir strukturierte Abläufe, oder suchst du die Ablenkung im Neuen, Aufregenden, um mit der Angst umzugehen?

Wie gehe ich mit Angst um?
Was ist meine erlernte Strategie?

Der Psychoanalytiker Fritz Riemann hat in seinen tiefenpsychologischen Studien »vier Grundformen der Angst« definiert:

1. Die Angst vor Selbsthingabe
2. Die Angst vor Selbstwerdung
3. Die Angst vor Notwendigkeit
4. Die Angst vor Wandlung

Die vier Grundformen der Angst zeigen auch jeweils eine andere Art und Weise, mit der Angst umzugehen. Die vier Angstarten gehen einher mit einer konkreten Persönlichkeitsstruktur, die eine spezifische Bewältigungsstrategie verfolgt, um der Angst zu entgehen. Diese Persönlichkeiten wurden mit folgenden Adjektiven benannt:

Schizoid beschreibt die Angst, sich zu öffnen, die Kontrolle abzugeben und anderen zu vertrauen. Pessimismus, Kontrolle und Rationalität beschreiben diesen Typus. *(Angst vor Selbsthingabe)*

Depressiv bezeichnet Riemann die Angst, man selbst zu sein, sich zu lieben und zu akzeptieren. Bedürfnisverdrängung, Harmonie und Sensibilität sind Schlüsselbegriffe dieser Angstform. *(Angst vor Selbstwerdung)*

Hysterisch wird die Angst vor Stillstand und Bindung genannt. Abwechslung, Risiko und Spontaneität sind bei dieser Persönlichkeit vorherrschend. *(Angst vor Notwendigkeit)*

Zwanghaft ist der Typus, der Angst vor Wandlung hat. Routinen, Ordnung und ein geregelter Tagesablauf verschaffen Erleichterung und vertreiben die Angst. Der Zwanghafte ist zukunftsorientiert, ausdauernd und konsequent. *(Angst vor Wandlung)*

Diese Ausprägungen können auf einem Koordinatensystem dargestellt werden.

Die x-Achse beschreibt die »Beziehungskomponente«: Ziehe ich mich zurück, oder suche ich nach Menschen?

Die y-Achse zeigt den »Wandel«: Suche ich Neues oder helfen mir Struktur und Ordnung?

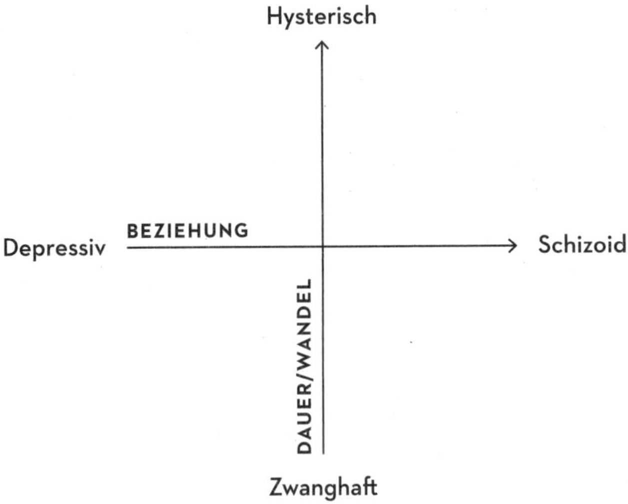

Auf der horizontalen Achse findet man den schizoiden sowie den depressiven Typen.

x-Achse: Ich / andere

Schizoid: Vorab: Schizoid hat nichts mit schizophren oder Suizid zu tun. Die schizoide Ausprägung zeigt die Hinwendung zu sich selbst. Dieser Typus zieht sich zurück, möchte alleine sein und die Probleme mit sich selbst klären. Er möchte nicht in Kontakt mit anderen treten, zu viele Gefühle könnten ihn überfluten und überwältigen. Diese introvertierte Persönlichkeit fürchtet nichts mehr als die Abhängigkeit von anderen Menschen und verlässt sich auf ihren eigenen Verstand und ihre Beobachtungsgabe. Solche Menschen sind kritisch und sachlich und wirken oft kühl, distanziert und unnahbar. Anderen wird nicht vertraut, vor allem nicht bei der Lösung von Problemen. Diese Strategie des Rückzuges wird oft schon in der frühen Kindheit erlernt und wird auch später übernommen.

*Manchmal glaubst du,
verschwinden zu wollen. In Wirklichkeit
möchtest du nur gefunden werden.*

Bildlich dargestellt, gleicht der schizoide Typ einem Kreisel, der sich immer wieder um sich selbst dreht, und zwar so schnell, dass er nichts mehr von seiner Umgebung wahrnimmt. Er verliert den Blick für das große Ganze, ist isoliert und losgelöst. Narzisstische Komponenten, bei denen die Außenwelt an Bedeutung verliert, sind ersichtlich. Dies kann gefährlich sein, da ein zu starker Fokus auf sich selbst die Angst verstärken kann, sich die Gedanken sprichwörtlich im Kreis drehen und eine Lösungsfindung sich schwierig gestaltet. Kommt dir das bekannt vor?

Depressiv: Die depressive Verhaltensweise zeigt sich durch die Zuwendung zu anderen. Diese Person sucht aktiv die Nähe zu anderen Menschen. Der Fokus wird auf die Bedürfnisse der anderen gerichtet und weg von sich selbst. Konflikte werden vermieden, eine heile Welt vermeintlich gesucht, indem man es anderen recht machen möchte. Diese Menschen passen sich an und ordnen sich so stark unter, dass sie ihre eigene Persönlichkeit nicht mehr wahrnehmen. Diese Persönlichkeit unterdrückt die eigenen Gefühle und ist oft hilfsbereit, verständnisvoll, wenn nicht sogar selbstlos, zurückhaltend und anhänglich. Die gedachte Lösung ist: Wenn ich mit Angstgefühlen nicht umgehen kann, dann gehe ich in Beziehung, suche jemanden, der mir hilft, diese zu regulieren. Ich nehme die Gefühle der anderen wahr, die keine Angst verspüren, und verdränge meine. Dies kann gefährlich werden, da wichtige Warnsignale verdrängt werden und es zu inneren Konflikten, bis hin zum Verlust der Persönlichkeit, führen kann. Findest du dich hier wieder?

Auf der vertikalen Achse findet man das hysterische und zwanghafte Verhalten.

y-Achse: Struktur / Neues

Zwanghaft: Zwanghafte Menschen meiden Veränderungen und wünschen sich, dass alles gleich bleibt. Wandel macht Angst und erzeugt Leidensdruck. Das Ungewisse ist ihr größter Feind, das Gewohnte ihr größter Freund. Risiken werden so gut es geht vermieden. Mit geplanten Abläufen fühlen sie sich wohl, daher muss auch immer alles geordnet ablaufen und im Vorhinein geplant werden, um Sicherheit zu spüren. Jeden Tag zur selben Zeit aufstehen, zur selben Zeit auf dieselbe Art und Weise Zähne putzen, frühstücken, zur Arbeit gehen etc. Man kann sich nur beherrschen und sich im Griff haben, wenn man weiß, was auf einen zukommt. Sollte etwas vom Plan abweichen, beginnt für diese Menschen die Angstspirale. Diese Persönlichkeit entwickelt oft Rituale, die zwanghaft notwendig sind, um nicht im Chaos zu versinken. Diese Regeln bieten Halt und gewährleisten innerliche Ordnung und Wohlbefinden. Denn monotone Abläufe sorgen dafür, dass erst gar kein Kontakt mit der Angst zustande kommt. Dies kann problematisch werden, da das Leben nicht immer wie geplant verläuft. Zwangsverhalten oder auch starke Gefühlsausbrüche und massive Überforderung können die Folge sein.

Hysterisch: Der hysterische Persönlichkeitstyp möchte frei und ungebunden sein. Verbindlichkeiten, Traditionen, gewohnte Abläufe langweilen ihn, denn hier kann er zu viel nachdenken. Das Neue wird aktiv gesucht, um ständig in Bewegung zu bleiben und überhaupt erst etwas zu fühlen. Der Hysteriker braucht Abwechslung, Action und den ständigen Wandel. Stillstand ist für ihn der Tod und um alles in der Welt zu vermeiden. Er ist optimistisch, risikofreudig, ungeduldig, aber auch oberflächlich, unbeständig oder unverlässlich. Um Angst nicht zu spüren, ist seine Strategie: Ich mache ganz viel Neues, bin heute hier, morgen dort, um nicht zu spüren, was in mir los ist. In der Hektik und Schnelligkeit können die eigenen Gefühle nicht erlebt werden. Das Außen wird derartig aufregend gestaltet, dass man nicht nach innen schauen muss.

Kreise die Angstverhalten ein, die du am besten nachempfinden kannst, und male den Quadranten an, der deine Bewältigungsstrategie am besten zeigt. Wenn du alle vier Begrifflichkeiten und Beschreibungen an dir erkennst, ist das auch in Ordnung.

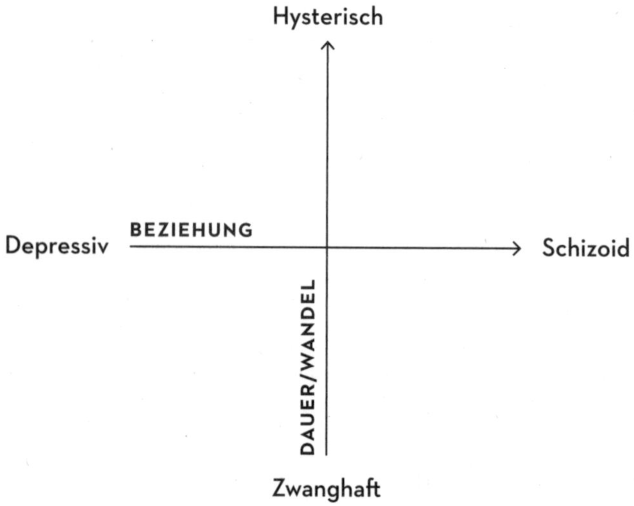

Somit bilden sich vier Quadranten, die jeweils einen anderen Umgang mit der Angst zeigen. Die Ausprägung auf der x-Achse und die auf der y-Achse demonstrieren das erlernte Angstverhalten.

Keine Strategie ist besser oder schlechter als die andere. Diese sind in der Kindheit gelernt worden, da sie damals funktioniert haben, und bieten Schutz. Der Mensch möchte keine Schmerzen, keine Verletzung erleiden und sucht sich daher Lösungswege, die diese weitgehend vermeiden. Das ist natürlich und normal. Sollte diese Ausprägung aber zu stark sein, egal auf welcher Achse, und dies maßgeblich den Tagesablauf bestimmen, dann ist es Zeit, daran zu arbeiten.

Psychische Gesundheit ist,
wenn man flexibel zwischen den Polen
hin- und hergehen kann.

Psychische Gesundheit bedeutet, flexibel zwischen den Koordinaten springen zu können:

Ich kann Sachen mit mir selbst ausmachen, aber auch bei anderen suchen.
Ich kann mich auf Neues einlassen, aber auch meine Wurzeln nicht vergessen.

SELBSTTEST: ANGSTVERHALTEN – SCHIZOID, DEPRESSIV, ZWANGHAFT ODER HYSTERISCH?

A: Kreuze an, welche Eigenschaften auf dich zutreffen, wenn du in einer Angstsituation bist.

☐ Ich distanziere mich.

☐ Ich bin unsensibel mit mir selbst und anderen.

☐ Ich habe eine erhöhte Beobachtungsgabe und nehme jedes Detail wahr.

☐ Ich bin die einzige Person, die mir in dieser Situation helfen kann.

☐ Ich bin kritisch und hinterfrage alles.

☐ Ich gehe rational an die Situation heran.

☐ Gefühle schalte ich weitgehend aus.

☐ Ich bin kühl und unnahbar.

☐ Hilfe von anderen lehne ich ab.

☐ Menschen stoße ich oft unsensibel von mir weg.

☐ Menschen misstraue ich, dass sie helfen wollen und können.

☐ Ich ziehe mich zurück und möchte alleine sein.

- [ ] Erst wenn ich das Problem alleine gelöst habe, kann ich wieder mit anderen sprechen.

- [ ] Bei Hilfe werde ich aggressiv, sarkastisch oder wütend.

Summe A: ___________________________

B: Kreuze an, welche Eigenschaften auf dich zutreffen, wenn du besorgt oder verzweifelt bist.

- [ ] Ich fühle die Angst sehr stark.

- [ ] Die Angst ist überwältigend.

- [ ] Die Hilflosigkeit nimmt meinen gesamten Körper ein.

- [ ] Ich habe das Gefühl, nicht alleine die Situation bewältigen zu können.

- [ ] Wenn ich traurig bin, bin ich umso hilfsbereiter und aufopfernder.

- [ ] Ich werde oft als anspruchslos und umgänglich bezeichnet.

- [ ] Ich bin in Beziehungen sehr anhänglich.

- [ ] Ich kann mich gut in andere hineinversetzen und bin sehr mitfühlend.

- [ ] Die Vorstellung, alleine zu sein, macht mir Angst.

☐ Ich unterdrücke gerne Gefühle wie Wut, Trauer oder Angst.

☐ Ich bin sehr ruhig, wenn ich Angst habe.

☐ Ich verzeihe sehr schnell, da mir Harmonie wichtig ist.

☐ Das Leben empfinde ich oft als schwierig und anstrengend.

☐ Ich bin nicht stark genug, um alleine meine Probleme zu bewältigen.

Summe B: ______________________________

C: Kreuze an, welches Verhalten bei Ängsten, Sorgen und Zweifel auf dich zutrifft.

☐ Ich überspiele viel mit Humor.

☐ Ich fühle wenig, außer es ist abenteuerlustig und riskant.

☐ Ich bin sehr spontan und unternehmungslustig.

☐ Ich könnte kein Leben führen, welches jeden Tag gleich abläuft.

☐ Routinen und monotone Abläufe machen mich wahnsinnig.

☐ Ich möchte mein Leben so intensiv wie möglich leben.

- [ ] Ich kann gut improvisieren.

- [ ] Wenn Aufgaben schwierig werden, beende ich diese nicht und suche mir etwas Neues.

- [ ] Lieber mehr halbe Sachen machen, als eins sehr gut zu machen.

- [ ] Ich hinterfrage eher weniger und lasse die Dinge auf mich zukommen.

- [ ] Ich bin oft sprunghaft in meinen Gedanken und meinem Verhalten.

- [ ] Ich habe oft das Gefühl, in nichts wirklich gut zu sein.

- [ ] Ich werde oft als charmant und mitreißend beschrieben.

- [ ] Ich kann schlecht mit Kritik umgehen.

Summe C: ______________________________________

D: Kreuze an, welche Persönlichkeitsmerkmale du bei herausfordernden Situationen zeigst.

- [ ] Gefühle kann ich schwer benennen und äußere diese auch nicht.

- [ ] Ich habe eine ernste Grundstimmung und verstehe nicht, warum manche derartig leichtfertig und unbeschwert sind.

- [ ] Ich mag es, den Tag geplant zu haben. Spontanes sage ich prinzipiell ab.
- [ ] Ich arbeite konsequent an meinen Aufgaben und lasse mich nicht ablenken.
- [ ] Ich werde für meinen sauberen Arbeitsplatz und meine ordentliche Wohnung gelobt.
- [ ] Ich merke sofort, wenn etwas nicht am richtigen Ort ist bzw. etwas fehlt.
- [ ] Entscheidungen treffe ich aufgrund der möglichen Erfolgschancen in der Zukunft.
- [ ] Ich brauche lange für Entscheidungen und treffe keine leichtfertigen Aussagen.
- [ ] Ich bin ausdauernd, pflichtbewusst und risikoscheu.
- [ ] Es ist eine schöne Vorstellung, immer am selben Ort zu wohnen und am selben Ort Urlaub zu machen.
- [ ] Ich bin geizig und achte penibel auf meine Ausgaben.
- [ ] Nach einer Entscheidung hinterfrage ich diese trotzdem noch mehrmals.
- [ ] Ich spiele im Kopf oft das »Was wäre, wenn ...«-Spielchen.

☐ Wenn etwas Unbekanntes bevorsteht, habe ich schlaflose Nächte.

Summe D: ______________________________

Zähle nun die Punkte von A, B, C und D zusammen und trage sie ein, um dein Angstverhalten den vier Grundtypen der Angstbewältigung zuzuteilen.
A: Die Angst vor Selbsthingabe, sich zu öffnen und die Kontrolle abzugeben.
B: Die Angst vor Selbstwerdung, -akzeptanz und -liebe.
C: Die Angst vor Notwendigkeit, Verantwortung und Bindung.
D: Die Angst vor Wandlung, Veränderung und Chaos.

Summe A: ______________________________
Schizoid (x-Achse, nach rechts 0 bis 14)

Summe B: ______________________________
Depressiv (x-Achse, nach links 0 bis -14)

Summe C: ______________________________
Hysterisch (y-Achse, nach oben 0 bis 14)

Summe D: ______________________________
Zwanghaft (y-Achse, nach unten 0 bis -14)

Zeichne deine Ausprägung ein, indem du die Punkte im Koordinatensystem einträgst!

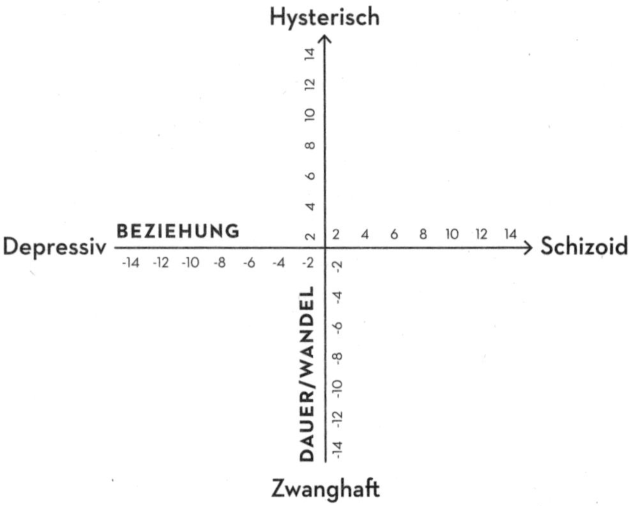

Verbinde nun jeweils die eingezeichneten Punkte. Male die innere Fläche an. Die Spitzen zeigen, welchem Angsttypen du angehörst und zu welchem Verhalten du tendierst.

Ist das Ergebnis eindeutig?

War dir das Ergebnis vorher schon klar? Wenn ja, warum?

____

____

Das Ergebnis zeigt, welches Verhalten du in Angst- und Stresssituationen zeigst. Es kann keine Aussage über die Stärke der Ausprägung getroffen werden oder ob die erlernte Strategie gesundheitsschädigend ist. Jedoch kann eine Aussage darüber getroffen werden, wie dein Umgang mit Angst ist und was deine erlernte Bewältigungsstrategie ist.

Ich zeige ein ☐ schizoides ☐ depressives Angstverhalten.

Wie zeigt sich dieses Verhalten bei mir?

____

____

____

____

Wie habe ich dieses in der Kindheit angewendet?

Hat es damals geholfen? Hilft es jetzt noch?

Welches Verhalten kann ich mir vom gegenüberliegenden Typus abschauen und evtl. aneignen?

Was ist ein gesundes Verhalten in der Mitte?

Ich zeige ein ☐ schizoides ☐ depressives Angstverhalten.

Wie zeigt sich dieses Verhalten bei mir?

Wie habe ich dieses in der Kindheit angewendet?

Hat es damals geholfen? Hilft es jetzt noch?

Welches Verhalten kann ich mir vom gegenüberliegenden Typus abschauen und evtl. aneignen?

Was ist ein gesundes Verhalten in der Mitte?

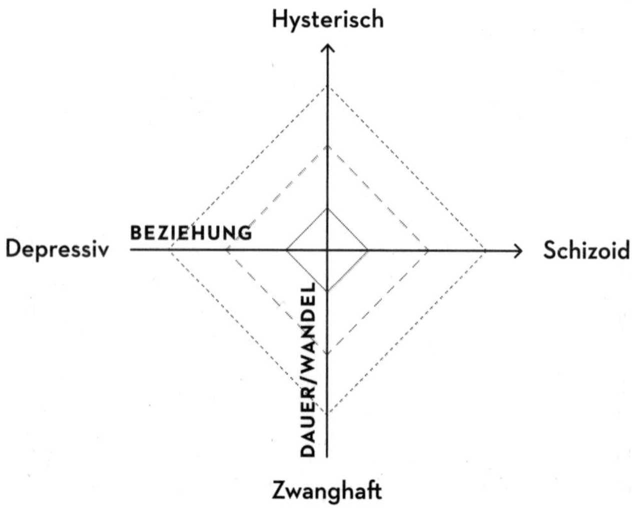

In diesem an Fritz Riemanns Grundformen angelehnten Modell gibt es sozusagen eine gesunde grüne Mitte. Dies wird durch die Raute in der Mitte symbolisiert. Hier ist ein Hin- und Herspringen möglich. Man kann alleine sein, aber auch die Hilfe von anderen suchen. Es gibt gewohnte Abläufe, aber es ist kein Weltuntergang, wenn etwas nicht nach Plan läuft. Stillstand ist möglich und kann akzeptiert werden. Auf Neues kann man sich einlassen, braucht es aber nicht zwanghaft.

Die mittlere Raute beschreibt den Übergangsbereich. Hier ist eine Abweichung unangenehm und unerwünscht, aber noch kein einschneidendes Erlebnis. Veränderung wird als beträchtlicher Einschnitt erlebt, oder Routinen werden weitgehend vermieden. Andere werden zum Ablenkungsmanöver Nummer eins, oder ein starker Rückzug wird festgestellt. Erste psychische und physische Beschwerden sind zu erkennen.

Eine extreme Ausprägung kennzeichnet der äußerste Bereich. Hier findet ein starkes psychisches Leiden statt. Bei Angstzuständen muss unweigerlich der Kontakt zu Menschen stattfinden, da man alleine überfordert ist. Der Körper reagiert stark, und ein rationales Denken ist kaum noch möglich. Absolute Isolierung, Vertrauensproblem, starker Fokus auf sich selbst und narzisstische Handlungen sind beim schizoiden Typen feststellbar. Ein sprunghaftes Verhalten, widersprüchliche Handlungen und Aussagen, die zum Ziel haben, sich neu auszurichten, zeigt der hysterische Typ. Hier werden unüberlegt Handlungen gesetzt, die nachhaltig das Leben beeinflussen, diese werden später oft bereut. Beim Zwanghaften entwickeln sich immer mehr Zwänge, die die Lebensqualität beeinflussen und den Alltag immer schwerer bestreiten lassen. Man selbst fühlt sich ausgeliefert und unterliegt den notwendigen Handlungen der Strategie. Hier manifestiert sich eine Erkrankung, die abgeklärt und behandelt werden sollte.

Eine Strategie zur Angstbewältigung ist zu wenig.

Die vier Persönlichkeitstypen bilden zusammen jeweils zwei komplementäre Paarungen, die sich gegenseitig anziehen. Der depressive Mensch fühlt sich zur schizoiden Persönlichkeit hingezogen und sieht deren Verhalten und Denkweisen als Allheilmittel, ebenso wie der hysterische und der depressive. Der Psychoanalytiker Riemann ist überzeugt, dass diese Grundformen abänderbar sind. Mit regelmäßiger Reflexion und weiteren Selbsterfahrungen kann man diese Muster erkennen und durchbrechen.

Auch du kannst mit Ausdauer, Geduld, Liebe und Engagement deinen Umgang mit Angst verändern.

Persönlichkeitsentwicklung kennt kein Alter, kein Geschlecht und keine Hautfarbe.

Ängste sind normal und gehören zum Leben dazu. Die ausgewählte persönliche Strategie war und ist noch immer wichtig. Doch der Mensch entwickelt sich, so auch die persönliche Einstellung, Lebensweise, Vorliebe und Angstbewältigungsstrategie. Jeder kann neue Denk- und Verhaltensmuster etablieren und leben, wenn man dies möchte. Persönlichkeitsentwicklung kennt kein Alter. Jeder kann neue Facetten zu seiner Persönlichkeit hinzufügen, Altlasten ablegen, neue Strategien entwickeln und aus destruktiven Verhaltensmustern ausbrechen.

Wir können Angst nicht aus unserem Leben streichen, aber wir können den Umgang mit Angst üben, darin besser werden und Schritt für Schritt freier. Angst lässt uns reifen, und deren Überwindung kann uns unglaublich stärken.

Ängste sind die kleinen Berge auf unserem Lebensweg, die uns bewusst im Weg stehen, um so manches zu lernen. Ein Bergsteiger braucht Ausdauer, Mut und eine große Portion Hoffnung. Du hast das nötige Werkzeug bei dir: Seile (Übungen in diesem Buch), Kletterschuhe (deine Stärken und bisherigen Erfolge), einen Helm (die Menschen in deinem Umfeld, die dich schützen und auffangen). Glaube daran, dass du diesen Berg besiegen wirst, dabei lernst und wächst. Jeder Berg, den du umgehst, wird dir später doppelt so groß im Weg stehen. Er wird dich immer wieder von deinem Weg abhalten, zahlreiche Zusatzschritte kosten, die dich und deinen Körper schwächen, bis du dich dafür entscheidest, diesen zu erklimmen.

Angstüberwindung ist
Selbstliebe
und Selbstopferung.

Die Überwindung von Angst ist ein wichtiger Faktor für die Weiterentwicklung der Persönlichkeit. Sich Ängsten zu stellen ist Selbstfindung, Selbstliebe und zugleich Selbstopferung.

Was musst du finden, um deine Angst zu besiegen?

Was musst du lieben lernen, um deine Angst zu besiegen?

10.

Der kleine Bruder von Angst: Stress

Stress ist die Vorstufe von Angst. Wenn ein leichtes Angstgefühl über einen längeren Zeitraum anhält, beschreibt dies den Zustand von Stress. Angst und auch Stress zeigen sich mit denselben körperlichen Symptomen: geweitete Pupillen, zittrige Hände, weiche Knie, schnelle Atmung, Herzklopfen, kalter Schweiß etc. Nicht nur die Symptome sind dieselben, auch der Auslöser ist derselbe. Stress entsteht aufgrund von Zukunftsgedanken. Im Kopf werden Bilder eines möglichen, nicht wünschenswerten Zukunftsszenarios abgespielt, welche einen gegenwärtigen innerlichen Stress im Körper auslösen.

Stress ist die körperliche Antwort auf Gefahr.

Vorausschauend zu denken, Ansprüche an sich und die zu erledigenden Aufgaben zu haben, ist gut. Wenn dies aber zu erhöhtem Stress führt, welcher über einen längeren Zeitraum anhält, dann ist dies gesundheitsschädigend. Denn Angst und auch Stress produzieren Hormone, die unseren gesamten Körper steuern. Vor allem das vegetative Nervensystem, welches unsere Organe unbewusst steuert, ist hier maßgeblich betroffen. Denn in einer bedrohlichen Situation werden alle energiefressenden, beim Kampf unnötigen Körperfunktionen heruntergefahren. Das heißt, die Verdauung würde unnötig Energie verschwenden und wird heruntergefahren, so auch die Produktion von Magensäure. Stressbedingte Gastritis oder Darmprobleme sind eine der möglichen Auswirkungen. Die Nebenniere schüttet vermehrt Adrenalin aus, die Leber setzt Glykogen in Blutzucker frei. Mit jedem Atemzug kommt mehr Sauerstoff ins Blut, der Blutdruck und der Cholesterinspiegel steigen, und die Nährstoffaufnahme wird optimiert, damit auch jede Kalorie verwertet werden kann. All dies ist kein wünschenswerter und gesunder Zustand über längere Zeit. Stress macht auf Dauer krank.

Stress entsteht aufgrund einer gefühlten Bedrohung. Stress ist die körperliche Antwort auf Gefahr. Niemand kann mehrere Wochen oder gar Monate gegen ein Mammut kämpfen oder davor flüchten. Kein Körper kann über mehrere Monate alle für den Kampf oder die Flucht unwichtigen Organe herunterfahren und danach so weitermachen wie bisher.

Wenn der Darm vielleicht nach Jahren sich nun wieder entspannen kann, weil wir im Kopf entspannt sind, wird er nicht von heute auf morgen wieder funktionieren. Wenn ein Libidoverlust durch den Stress zu verspüren ist, wird nach Stressabfall die Lust auch nicht sofort zurück sein. Wenn der Körper jede Kalorie an sich genommen hat, um das Maximum an Energieversorgung zu bekommen, ist er nach jahrelangem Stress mehr als verwirrt, wenn er nun nicht mehr alles aussaugen soll. Auch das Immunsystem leidet unter Stress. Da der Körper so damit beschäftigt ist, Kraft zu produzieren, um dich stark zu machen, ist er mürbe. Bakterien, Viren und andere Krankheitserreger haben es leicht, sich bei dir einzunisten.

Leber, Niere, Magen, Darm, Lunge, Herz-Kreislauf-System, Gefäße, Immunsystem, die Geschlechtsorgane - oder besser gesagt, der ganze Körper - reagieren auf Stress. Stress, die leichte Dauerangst, nimmt nicht nur deine Gedanken ein, er übernimmt auch die Kontrolle über deinen Körper, vor allem über all die wichtigen Vorgänge, die du nicht aktiv steuern kannst. Es ist nicht möglich, sich langfristig Stress auszusetzen und ohne gesundheitliche Schäden herauszukommen.

STRESSOREN

Stressoren sind Stressauslöser. Also alle belastenden Dinge, die in einem Nervosität, Unsicherheit, Angst, Zweifel, Scham oder Hilflosigkeit hervorbringen.

Zu viele Aufgaben können stressen. Als Mutter, Ehefrau, Putzfrau, Köchin, Kindertaxifahrerin, Gärtnerin, und Angestellte kann einem schon mal alles zu viel werden, vor allem auf Dauer. Denn jede Rolle hat ihre Ziele, Aufgaben, verlangt Energie und Zeit. Der Gedanke an den nächsten Tag kann hier unerträglich werden. Der Gedanke an die Zukunft kann Stress auslösen. Auch eine Ungewissheit bezüglich Job, Liebe, Wohnart und -ort oder Lebensplanung im Allgemeinen. Der Weg in die Arbeit kann Stress verursachen. Das nicht auffindbare Mobiltelefon, ein verlorener Schlüssel, eine nicht funktionierende Kaffeemaschine oder die Kritik eines Kollegen, der Lärm im Büro, sich beschwerende Kunden, Streit in der Familie oder Beziehung, ein chaotisches Zuhause, unfertige Projekte, ein bevorstehendes soziales Event und die Zweifel an den eigenen Fähigkeiten, Talenten und dem eigenen Wert zählen zu Stressoren. Stressoren sind vielfältig. Stressoren kommen in jedem Lebensbereich vor.

Stressoren sind das Futter deiner Angst.

Stressauslöser werden uns auch immer wieder begegnen, tagtäglich. Sie sind unvermeidbar. Da wir diese nicht verändern oder ihnen immer aus dem Weg gehen können, muss ein neuer Umgang mit ihnen gefunden werden.

Der erste Schritt ist es, die eigenen Stressoren wahrzunehmen und zu erkennen, um diese bearbeiten zu können.

Schreibe in die Gewichte jeden Stressfaktor, der dich belastet und dein Leben erschwert.

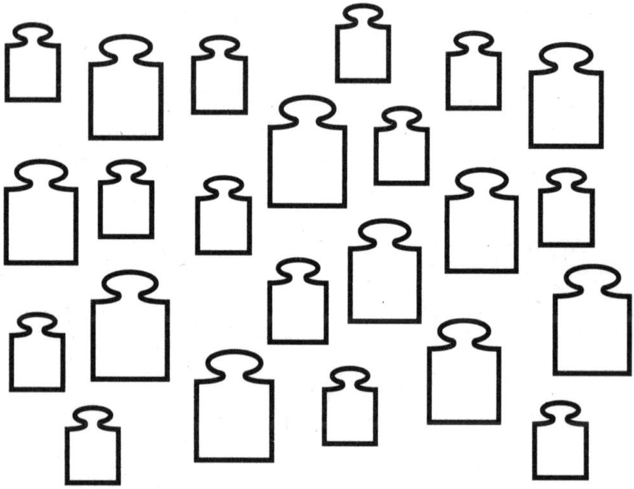

Nachdem du identifiziert hast, welche Gewichte auf deinen Schultern lasten, überlege dir, was du in die Waagschale legen kannst, um einen Ausgleich herzustellen. Schreibe oder zeichne in die erste Waagschale, was dir hilft, dich entspannen lässt und stärkt. Notiere, was dir guttut, den nötigen Ausgleich schafft und dir hilft, Balance zu halten. Beispiele könnten sein: gesunde Ernährung, Yoga, Sport, Reisen, Kuscheln, Sex, Lob, Zeitmanagement, Sudokus, Fernsehserien, Stricken, Kochen,

Zeichnen, Reden, Tanzen, Musik hören, Schokolade essen, in der Sonne sitzen, frische Luft einatmen, einen Berg besteigen, ein Friseurbesuch, positives Denken, Atemtechniken, Meditation etc.

Schreibe oder male in die zweite Waagschale die oben genannten Gewichte. Versuche mindestens so viele Ausgleichsgewichte wie beschwerende Stressoren zu finden, damit die Waage im Gleichgewicht ist und bleibt.

Halte die Waage des Lebens in Balance.

Je mehr Stressoren sich in deinem Leben befinden, umso leichter hat es die Angst, dich zu ergreifen. Je geschwächter du durchs Leben gehst, umso leichter kann man dich ausnutzen, einschüchtern, ängstigen, kleinmachen oder schwächen. Ein geschwächter Körper ist nicht nur anfällig für Krankheiten jeglicher Art, sondern auch anfällig für schlechte Gedanken. Sorgen über die Zukunft, die Angst zu versagen, nicht gut genug oder stark genug zu sein, wirken sich auf den Körper aus. Es ist eine Wechselwirkung zwischen Kopf und Körper, die sich gegenseitig immer mehr in eine negative Spirale ziehen können und den Ausweg erschweren. Im Gegensatz dazu kannst du psychisch und physisch auf dich achten, um gestärkt den Herausforderungen deines Lebens entgegentreten zu können.

Stress ist ein Problem, das in der heutigen Zeit vermehrt vorkommt. Stress macht man sich selbst. Stress entsteht im Kopf, wenn man in der Zukunft lebt, bei möglichen Ereignissen, die noch gar nicht eingetreten sind und über die man keine Kontrolle haben kann. Stressmanagement bedeutet, die eigenen Gefühle und Bedürfnisse wahrzunehmen, nicht zu verdrängen, auf den Körper zu hören und sich selbst genug zu lieben, um sich gut zu behandeln. Stress entsteht, wenn man zu viele Erwartungen hat - an sich und sein Leben.

Meine Klientin Kornelia ist eine Perfektionistin, sie konnte nur schwer Tätigkeiten abgeben. Sie hatte früh gelernt, immer Verantwortung übernehmen zu müssen, und sich immer selbst hintangestellt. Mit zwei Kindern, die sie alleine großzog, und als Älteste von fünf Geschwistern, hatte sie ihr Leben lang gefühlt Stress. Sie musste immer auf alle anderen achten (dachte sie), schlüpfte tagtäglich in verschiedene Rollen (Mutter, Schwester, Geliebte, Lehrerin, Freundin, Angestellte), vernachlässigte sich selbst, versuchte es allen recht zu machen und wurde von der Last der Verantwortung erdrückt. Kornelia entwickelte mit der Zeit Angst vor dem Straßenbahnfahren und vor Rolltreppen. Dahinter lag die Angst umzukippen, wie sich herausstellte. Nicht die Straßenbahn, die Rolltreppe oder das Auto war das Problem, sondern die Gedanken, es nicht mehr auszuhalten und umzufallen. Sie ging sogar fünf

Stockwerke zu Fuß, um nur nicht die Rolltreppe nehmen zu müssen, und ihre Kinder mussten hinter ihr gehen, damit sie aufgefangen werden würde, wenn sie fiele. Ihre Kinder machten sich sogar über sie lustig. Die sonst so starke und toughe Mama wurde von einer Rolltreppe oder einer Straßenbahnfahrt in die Knie gezwungen. Im Endeffekt stellte sich heraus, dass die Angst ein Zeichen war, ein wichtiges Gefühl, das ihr sagen sollte: Schau auf dich! Das Bedürfnis, mal »schwach« zu sein, loszulassen, nicht immer stark sein zu müssen, hat Kornelias Körper ihr gezeigt. Sie konnte nicht mehr. Immer wieder sagte ihr der Körper: »Halt, stopp! Schau auf dich, bevor du dich wieder um andere kümmerst!« Denn jeder ihrer Tage war beschwerlich, da immer wieder die Straßenbahn benutzt werden musste, es Rolltreppen auf ihrem Weg zu bestreiten gab oder Autofahrten notwendig waren, die sie ebenfalls hasste. All diese Wege nahm sie auf sich, um es anderen recht zu machen, um ihre Kinder irgendwo hinzufahren, um ihren Pflichten als angestellte Arzthelferin zu erfüllen oder um für ihren Partner da zu sein. Im Grunde war die Angst ein Zeichen, dass sie mal zu Hause bei sich bleiben sollte. Kornelia sollte zuhören, was ihr guttut, wie es ihr geht, was sie braucht. Den Stress erzeugte sie sich selbst, weil sie meinte, für alles verantwortlich sein zu müssen. Mit der Zeit lernte sie, die Kontrolle abzugeben, Aufgaben zu delegieren, loszulassen und wieder ein freies Leben zu führen. Sie lernte, dass Angst ihr nicht wehtut, sie lernte, das Ungewisse anzunehmen, Unsicherheit zu fühlen und loszulassen. Kornelia lernte, die Gefühle wahrzunehmen, sich für das Zeichen zu bedanken und es wieder fortzuschicken.

HAST DU EIN PROBLEM?

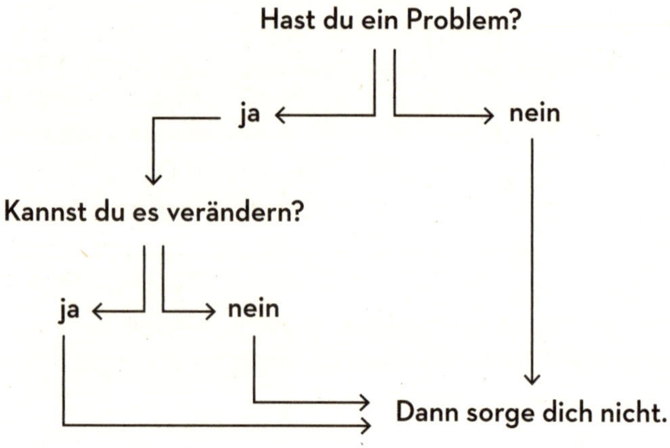

11.

Angst loslassen

Der erste Schritt, um jegliche Veränderung zu bewirken, ist die Akzeptanz. Nachdem man wahrgenommen hat, was in einem ist, welche Gefühle und Gedanken auftauchen, darf man diese nicht fortsenden. Man muss diese zulassen. Man muss ihnen erlauben zu verweilen und die Botschaft, die dahinterliegt, annehmen. Lehne diesen ängstlichen Teil von dir nicht ab. Er möchte dir etwas sagen, deine Gefühle möchten dir etwas mitteilen. Sei nicht wütend auf dich. Liebe diesen Teil von dir, liebe deine Angst, sei dankbar dafür.

Eine Angst anzunehmen, sich diese einzugestehen und sich selbst nicht mehr zu belügen ist eine herausfordernde Aufgabe, aber möglich. Eigene Grenzen und Unzulänglichkeiten müssen ausgesprochen werden oder noch besser aufgeschrieben.

Das tut natürlich weh. Denn wer gibt schon gerne zu, dass er etwas (noch) nicht kann? Es schmerzt zuzugeben, einer Situation noch nicht gewachsen zu sein. Es ist ganz natürlich, traurig, wütend oder beschämt zu sein. Sich Ängste einzugestehen, die Sorgen wahrhaftig zu machen mithilfe ausgesprochener oder geschriebener Worte lässt alle Gedanken plötzlich real werden. Dadurch wird alles in einem, jedes Schreckensszenario im Kopf, jeder Zweifel, jede Sorge, echt, wahrhaftig und schmerzhaft.

Dieser Schmerz ist wichtig und gut. Er ist gesund und Teil des Prozesses. Die Akzeptanz und darauffolgende Bekämpfung kann nur stattfinden, wenn du die Angst annimmst. Erst nachdem du sie zugibst, sie lebst und fühlst, kannst du diese schwere Last abwerfen. Du wirst sehen, nach den anfänglichen schmerzhaften Gefühlen folgt Erleichterung. Genauso wirst du dich auch fühlen: er-leichtert. Denn alles, wofür du dich entschieden hast, alleine mit dir herumzutragen, wird eine immer schwerwiegendere Last. Diese Belastung, der erdrückende Ballast, muss abgeworfen werden, um dir mehr Spielraum und Freiheit für dich und dein Leben zu ermöglichen.

Erst wenn du deine Ängste, Schwächen und Fehler erkannt hast, kannst du sie akzeptieren und schlussendlich endgültig loslassen.

Gib dir selbst die Chance, dir ein Stück mehr Luft zum Atmen zu geben und dein Sorgenpäckchen ein für alle Mal loszuwerden. Sei es dir wert, Ruhe einkehren zu lassen, Altes zurückzulassen und dich auf Neues einzulassen. Liebe dich genug, um den Mut zu finden, Kraft zu schöpfen und dadurch etwas neues Großartiges entstehen zu lassen. Glaube an den Prozess. Glaube daran, dass jeder dieser Schritte wichtig und wertvoll ist und dich deinem Ziel näherbringt. Schätze alle dabei aufkommenden negativen Emotionen in deinem Körper. Nimm auch diese an. Spüre sie. Höre hinein, woher sie kommen. Verweile in der Emotion. Warte, bis sie wieder verschwindet - denn das tut sie. Auch dieses Gefühl verschwindet so plötzlich, wie es erschienen ist.

FÜNF SCHRITTE

Schritt 1: aufschreiben

Schreibe eine Angst, Sorge, Schwäche, Fehler, traumatisches Ereignis o. Ä. auf ein Post-it oder einen kleinen Zettel. Da du alles ungeordnet und unsortiert auf das Blatt Papier gebracht hast, kannst du nun für dich nochmals durchgehen, welche Begriffe du nennen und bei dem Ritual verabschieden möchtest. Du kannst auch das Papier zerschneiden und jeden einzelnen Papierfetzen verbrennen, ertränken, beerdigen oder wegfliegen lassen. Du kannst jedoch auch Überkategorien und neue passende Worte wählen, die für dich dieselbe Last beschreiben.

Schritt 2: begründen

Sieh dir nun den Zettel in deiner Hand an. Sprich aus, warum du dies notiert hast. Erzähle, was dies in dir auslöst, wie es sich anfühlt und was es mit dir in den letzten Jahren gemacht hat.

Schritt 3: verabschieden

Nun ist es an der Zeit, Lebewohl zu sagen. Bedanke dich für die Erfahrungen, die du damit machen durftest. Sage dir, was es dir gebracht hat, was es dich gelehrt hat und was dadurch evtl. auch Gutes entstanden ist. Nimm alles mit Dankbarkeit und Liebe hin. Sei dir bewusst, dass dies der letzte Kontakt mit dem Begriff ist, denn wenige Sekunden später wird er vor deinen Augen verschwinden.

Schritt 4: vernichten

Je nach bevorzugter Methode und gewähltem Element (siehe die folgenden Seiten) kommt nun der Moment, der dir glasklar vor Augen führt, wie etwas Belastendes vor dir verschwindet. Auf einmal ist die Last weg, vom Erdboden verschluckt, vom Winde verweht, in Flammen aufgegangen oder in der Flut ertränkt. Beobachte das Spektakel genau. Versuche, jedes Detail wahrzunehmen. Sieh zu und feiere diesen freudigen Moment.

Schritt 5: fühlen

Fühle. Fühle, was dieses Bild mit dir macht. Versuche all deine Sinne wahrzunehmen. Rieche das Feuer, spüre den Wind auf deiner Wange, höre das Plätschern des Wassers, fühle das feuchte Nass der Erde. Rieche, fühle, schmecke, höre und beobachte. Versuche, in jedes Körperteil hineinzuspüren, und versuche, jede noch so kleine Veränderung in den Gliedmaßen wahrzunehmen. Atme tief durch. Sei ganz in diesem Moment. Nimm dir Zeit und lasse alle Gefühle zu, die in diesem Moment hochkommen.

Lasse auch unbedingt ein paar Minuten verstreichen, bevor du den nächsten Ballast von dir abwerfen möchtest. Nimm dir für jeden beschriebenen Zettel ausreichend Zeit. Hektik, Zeitdruck und Ungeduld haben hier keinen Platz. Es ist notwendig, dass du dich vollkommen darauf einlassen kannst und dir Zeit und Raum für diese fünf Schritte gibst. Nur so kannst du einen Zugang zu dir selbst und deinem Innersten finden, welcher nötig ist, um dich verabschieden zu können.

Bei der Verabschiedung ist nur Platz für Liebe und Dankbarkeit.

Nachdem Angst, Sorge, Schwäche, Fehler, traumatisches Ereignis o. Ä. ausgesprochen wurde, ist es leichter. Nachdem es besprochen, sich selbst erklärt und nochmals erzählt wurde, wird es lautstark verabschiedet. Dies passiert mit liebevollen Gedanken und ausreichend Wertschätzung, denn dies ist der letzte Moment, bevor diese Geschichte, Erfahrung, verletzenden Worte oder eigene Schuldzuweisungen begraben werden. Im letzten Schritt wird der Tod dieses Ereignisses gefühlt, tief durchgeatmet und ein Stück der Last von den Schultern genommen.

Schreibe auf einem Stück Papier all deine Ängste, Sorgen, Schwächen, Zweifel und negativen Erlebnisse auf. Du kannst auch gerne verschiedene Farben verwenden. Schreibe einfach drauflos, ohne viel nachzudenken. Weine, wenn du möchtest. Schreie, wenn es dir guttut und hilft. Aber versuche nicht abzubrechen, sondern wirklich tief in dich zu gehen, zuzuhören und alles auf das leere Papier zu bringen und zu füllen.

Nach der Enttäuschung, Wut, Frustration oder auch Traurigkeit kommt die Erleichterung - vertraue darauf.

Gab es überraschende, unerwartete Nennungen?
Wenn ja, welche?

Was davon hat dich emotional am meisten berührt? Warum?

Wie oft kommen diese Gedanken am Tag bei dir vor? Wie oft in der Woche?

Wie belastend sind diese aufgeschriebenen Begriffe für dich? (Skala 1–10)

Teile die Begriffe, wenn möglich, in Gruppen, also Überkategorien, ein. Das kannst du mit Farben machen, Zahlen oder Einkreisen.

Welche Gruppe belastet dich am meisten?

Wurde die Belastung tendenziell in den letzten Jahren weniger oder wird diese immer mehr?

Warum wird/wurde diese Belastung mehr/weniger? Was hast du dazu beigetragen? Was hat sich in dieser Zeit getan?

Wie sehr möchtest du diese Begriffe aus deinem Kopf streichen? (Skala 1–10)

Wie sehr bist du bereit, daran zu arbeiten? (Skala 1–10)

Ist das, an dem du festhältst,
den Platz, den es einnimmt, wert?

Begründe die genannte Zahl der Frage zuvor!

___

___

Du bist ein Erfolgsgrund.
Du (be)gründest alle deine Erfolge.

Nach der Akzeptanz und gewonnenen Klarheit ist es nun an der Zeit, sich zu verabschieden. Verabschiede dich von jedem einzelnen Begriff. Sprich zunächst laut aus, warum du diesen Begriff gewählt hast, warum er dich belastet. Danach wird das aufgeschriebene Wort wortwörtlich vernichtet und aus deinem Leben gestrichen. Nicht nur gedanklich nimmst du Abschied, sondern auch im wahren Leben mithilfe der Elemente. Du wirst es sehen und somit auch innerlich besser loslassen können. Dieses Abschiedsritual hilft dabei, endgültig den Ballast abwerfen zu können.

Sollte einer der genannten Begriffe sich wieder melden und in deine Gedanken schleichen, denke an dieses Ritual und wie sich das Papier und das darauf geschriebene Wort von dir verabschiedet hat.

Du kannst dir das für dich passende Element aussuchen.

Feuer

Zünde deine Ängste an. Verbrenne sie, bis nur noch ein Häufchen Asche übrig ist. Suche dir eine geeignete Feuerstelle, ob zu Hause oder draußen. Sieh der Flamme genau zu, wie sie das Papier umspielt und alles zu Staub werden lässt.

Wasser

Lasse deine Ängste im Wasser davonschwimmen und sich langsam bis zur Vollständigkeit auflösen. Gehe zu einem Fluss und werfe jedes Stück einzeln in das kalte Nass. Auch die Toilette würde alle deine Sorgen weit wegspülen. Auch ein Glas reicht, um das Papier weich werden zu lassen und die geschriebene Tinte aufzulösen.

Luft

Lasse deine Ängste davonfliegen und weit forttreiben. Lasse sie in Luft aufgehen. Du kannst deine Zweifel und Sorgen von einem Berg aus oder mithilfe eines Luftballons in die weite Welt hinaussenden. Du kannst sie zerreißen, in die Luft werfen und dich über den Konfettiregen und zugleich die Feier deines neuen Lebensabschnitts freuen.

Erde

Vergrabe deine Ängste. Beerdige sie ein für alle Mal. Lasse die Natur ihre Arbeit tun. Sie wird deine Ängste zersetzen und Neues daraus wachsen lassen. Du kannst auch einen Baum oder Ähnliches anpflanzen, um aus deinen Sorgen, Ängsten und Zweifeln ein neues wunderschönes Leben zu erschaffen. Somit war die Angst der Anfang, der nötig war, um zu erblühen.

Suche dir die Methode aus, die dir am meisten zusagt, die dich beim Durchlesen am meisten angesprochen hat. Du kannst auch verschiedene Elemente wählen, um einzelne

Themenschwerpunkte besser zu bearbeiten und separat voneinander loszuwerden. Du kannst die fünf Schritte jederzeit wiederholen, auch mit einzelnen belastenden Themen.

Vom Erdboden verschluckt,
vom Winde verweht,
in Flammen aufgegangen
oder im Wasser ertränkt.

Egal welche Angst, welch schreckliches Erlebnis, diese Methode hilft, um sich davon zu reinigen, zu entledigen und Leichtigkeit zu verspüren. Manche Klienten schrieben ihre Zukunftssorgen auf, andere ihre konkrete Angst, wie z. B. verlassen zu werden, nicht gut genug zu sein. Andere notierten auch traumatische Erlebnisse, wie z. B. sexuellen Missbrauch, Eifersucht, Kontrolle, verletzende Aussagen von Mitschülern, Eltern oder Ex-Partnern. Auch ganze Aufsätze von leidvollen Erfahrungen wurden verbrannt, dadurch verarbeitet und losgelassen. Zum Beispiel hat hier ein Jugendlicher die gewaltvollen Szenen zu Hause niedergeschrieben. Er berichtete, was er alles beobachtet hatte, wie der Vater die Mutter bedrohte, schlug, Gegenstände zerstörte und andere Menschen zum Weinen brachte. Er stellte sich den schrecklichen Bildern und fühlte sich danach leichter. Promis wie Sophia Thiel schreiben ihre Lebensgeschichte auch als therapeutisches Mittel auf. So hat die bekannte Fitnessinfluencerin unter anderem ihre Essstörung und die Angst, nicht gut genug zu sein, in den Griff bekommen.

Angst kann genauso schnell verschwinden, wie sie aufgetaucht ist. Ängste kann man erlernen. Ängste kann man somit auch wieder verlernen.

12.

Personifizierung

Der Angst ins Auge blicken – das muss passieren. Sich der Angst stellen, sie ansehen und vielleicht sogar anschreien. Die Kräfte in sich sammeln, Mut gewinnen und diese bekämpfen und endgültig besiegen. Du bist stark, du hast die Macht über deine Gedanken und deinen Körper. Du hast es in der Hand, dich der Angst zu ergeben oder sie in die Flucht zu schlagen. Wenn du weißt, dass nur du, ganz alleine, deine Angst besiegen kannst, bringt dies große Macht und Verantwortung mit sich. Dies kann dich einschüchtern, aber auch beflügeln – je nachdem, was du dir zutraust. Wenn du an dich und deine Fähigkeiten glaubst, dann wirst du es schaffen. Hierbei spielt abermals dein Kopf eine wichtige Rolle. Deine Gedanken sind der Ursprung jeden Gefühls und Verhaltens. Glaube an dich, blicke deiner Angst tief in die Augen und finde den Mut, sie aus deinem Leben zu vertreiben.

Blicke deiner Angst in die Augen.

Es kann enorm hilfreich sein, der Angst ein Gesicht zu geben, um ihr sprichwörtlich in die Augen zu blicken. Damit fällt es dir leichter, diese personifizierte Angst in die Flucht zu schlagen.

Um deiner Emotion ein Gesicht zu verleihen, lasse dich von deinem Bauch leiten. Wie sieht sie aus? Wie ein Dämon? Eine Fantasiegestalt? Der Teufel? Menschlich mit einem bösen Gesicht? Kann diese fliegen? Hat diese Flügel? Kann die Angst Feuer spucken? Sieht sie eher aus wie eine Eidechse? Schlange? Ein schwarzer Nebel? Eine böse Clown-Puppe? Suche dir etwas, was dich ängstigt und deiner Angst nahekommt. Du verwandelst das unerwünschte Gefühl in eine Person.

Wichtig ist, dass diese »Person« Augen hat. Stell dir vor, es ist eine reale Gestalt, die dich umgibt, auf deiner Schulter sitzt oder um dich herumschwirrt und für deine Angst verantwortlich ist. Die Angst tritt nur auf, wenn sich diese Gestalt dir nähert.

Nimm dir nun zwanzig bis dreißig Minuten Zeit, um deine Angst in eine Person (oder ein Wesen) zu verwandeln. Male diese im Anschluss und gib der personifizierten »Angst« auch einen Namen.

STECKBRIEF: MEINE ANGST

Ist deine Angst männlich, weiblich oder geschlechtslos?

____

Welchen Namen hat deine Angst?

____

Wie alt ist sie? Seit wann begleitet sie dich?

____

____

Wie groß ist die personifizierte Angst (klein, groß, riesig)?

____

Welche Körperstatur hat sie (muskulös, schmächtig, schlank, übergewichtig)?

Welche Hautfarbe hat sie?

Welche Haarfarbe hat deine Angst (wenn Haare vorhanden sind)?

Welche Augenfarbe hat deine Angst?

Nenne mindestens drei äußerliche Merkmale deiner Angst (Narben, Verbrennungen, Piercings, Schmuck, Tätowierungen, Hakennase, Holzbein, fehlendes Ohr, langer Hals, große Ohren, Bart ...)!

Wo ist sie jetzt gerade?

Wo ist ihr Lieblingsort?

Was hat sie gerade an?

Wie spricht sie?

Was ist ihr Lieblingsspruch?

Welches Hobby hat deine Angst?

Welches Lieblingsessen hat deine Angst?

Was ist die Lieblingsfarbe?

Welchen Traumberuf hatte deine Angst schon immer?

Welche Musik hört deine Angst?

Welche Filme sieht deine Angst gerne?

Was hat sie letzte Nacht gemacht?

Wann hat sie zum letzten Mal Urlaub gemacht und war weg?

Was kann deine Angst nicht ausstehen?

Welche Angst hat deine Angst?

Nenne eine Lebensweisheit der Angst!

Welche Wünsche hat deine Angst?

Male deine Angst!

Zunächst wirst du bemerken, dass die Angst durch die Personifizierung weniger bedrohlich wirkt, weil sie ein Antlitz erhält und somit greifbar wird. Andererseits hast du nun einen realen Schuldigen, dem du die Angst, das Zögern, deine Unsicherheit und Zweifel in die Schuhe schieben kannst. Somit nimmst du dir selbst den Druck, etwas falsch gemacht zu haben oder nicht gut genug zu sein. Gib

(Name der Angst)

___

die Schuld! Nur er/sie/es ist verantwortlich, wenn du deine Angst wahrnimmst und sie dich einschränkt.

WÜRDIGEN

Die Angst ist niemals böse. Sie ist ein Teil von dir, ein Gefühl, ein wichtiges Überlebensinstrument und war sehr hilfreich in deinem Leben. Du kannst diesen Anteil von dir nicht verleugnen, wegschieben oder gar ablehnen. Wenn du sie wegschickst, geht diese sinnbildlich in den Keller trainieren und kommt stärker zurück. Auch wenn du jetzt vielleicht noch nicht verstehst, was sie dir alles geschenkt hat und welchen Sinn sie hatte, darfst du daran glauben, dass die Angst das Recht hatte, da zu sein.

Wenn das Gefühl aufkommt, gib ihr die Berechtigung da zu sein, ehre sie und sprich zu ihr:

Danke, dass du da bist, Angst. Danke, dass du für mich da bist und dich um mich kümmerst. Es gab Zeiten in meinem Leben, da warst du sehr wichtig für mich und hast mir geholfen. Doch nun bin ich älter geworden, stärker und weiser - ich brauche dich heute nicht (mehr). Es hat mich gefreut, dass du auf Besuch warst.

Angst wird immer da sein.
Du kannst ihr aber einen anderen Platz
in deinem Leben geben.

Deine Angst gehört gewürdigt. Es gab einen Moment in deinem Leben, in der diese sehr wichtig war, dir diese geholfen hat und berechtigt war. Nun bist du jedoch an einem Punkt in deinem Leben angekommen, wo du mehr Möglichkeiten zur Verfügung hast, um damit umgehen zu können. Je mehr du in Widerstand gehst, je mehr du diese Angst vertreiben möchtest, um so größer und stärker wird sie.

Wenn du sie jedoch gewähren lässt, ihr den Platz und Raum gibst, den sie verdient hat, kommt der Moment, an dem diese ruhiger und friedlicher wird. Würdige deine Angst, verleihe ihr einen Orden, stelle diese auf ein Podest, überreiche ihr einen Pokal und/oder schicke sie in die wohlverdiente Pension. Bereite deiner Angst einen Ort, an dem sie sich wohlfühlt, den sie für die harte Arbeit als »Schutzengel« verdient hat. Du darfst sie mit Eiscreme belohnen, einem Liegestuhl in der Sonne, einer Krone oder was auch immer für dich persönlich als Bild der ehrenvollen Würdigung passt. Sie war so gut zu dir, hat dich beschützt, hat dir gedient und war mehr als fürsorglich. Das Ziel war dein Wohlbefinden und deine Sicherheit. Dies ist eine großartige Intention, die du schätzen solltest.

Wie kannst du deine Angst würdigen?

Mal angenommen, die Angst durfte in deinem Leben sein, weil sie wichtig für dich damals war. Mal angenommen, es hatte einen Sinn und Zweck, der dir jetzt nicht bekannt sein muss – was macht das mit dem Angstgefühl? Warum war sie damals wichtig?

Wie fühlst du dich, wenn deine Angst dich verlässt?

____

____

Was macht dies mit deinem Körper?

____

____

Wie auch immer dein inneres Bild dazu aussehen vermag, dein eigenes Bild ist das richtige und beste, um es unterbewusst aufzuarbeiten und damit einen neuen Umgang zu finden.

Für eine Klientin wurde die Angst, die sich zuvor angefühlt hatte wie ein schwerer Stein unter ihrem Herzen zu einem wertvollen roten Edelstein, den sie nicht abgeben kann und will, sondern als besondere Erinnerung bei sich tragen möchte. Eine andere Dame hatte die Angst als Ritter wahrgenommen, der stets an ihrer Seite war, um sie mit seiner Lanze zu verteidigen. Diesem wurde ein Orden verliehen und er ging in den Ruhestand. Nach wie vor kann sie ihn besuchen, wenn sie Rat braucht, jedoch konnte er durch die Würdigung endlich davonziehen und nun als weiser Berater an ihrer Seite sein.

Nimm abermals den Stift zur Hand. Zeichne in das untenstehende Kästchen deine persönliche Würdigung der Angst.

WEGSPERREN

Wenn dir die Angst zu viel wird und es dir gerade nicht möglich ist, deine Angst zu würdigen, kannst du diese auch distanzieren, indem du dir eine Wand, einen Zaun, eine Glasscheibe oder Kiste vorstellst, in der du sie platzieren kannst. Du kannst die Angst in den Kasten »sperren«, unters Bett schicken, in die Hosentasche geben oder in die Ecke setzten lassen. Wichtig ist, dass dies nur ein Platzhalter sein kann, der deine Angst nicht auf Dauer halten kann. Sage dir: »Ich hole dich später heraus, jetzt ist es mir einfach zu viel«.

Was kannst du dir vorstellen, um die Angst von dir zu distanzieren?

____

____

Alles, was wir ablehnen, vermeiden oder verdrängen, gewinnt Macht über uns und wird stärker zurückkommen. Es ist möglich, die Angst für eine gewisse Zeit in eine Kiste zu packen und wegzusperren, jedoch ist es notwendig, diese wieder hervorzuholen, anzuhören und zu würdigen.

13.

Entkatastrophisierung

»Entkatastrophisierung« - darin steckt das Wort »Katastrophe«. Denn so fühlt es sich auch an - katastrophal schlimm. Die Angst kann so einnehmend sein, dass sie einen regelrecht übermannt. Weder Denken noch Handeln ist möglich. Das Schreckensszenario im Kopf, der Horrorfilm, ist unerbittlich und hält dich in der Angst gefangen.

Die Entkatastrophisierung nimmt dem Horrorszenario die Schwere, indem der Film ein Happy End bekommt. Die Katastrophe wird auf diese Weise zu einer angenehmen Überraschung, friedlich, unaufgeregt und erträglich. Möglich wird das alleine durch die Macht deiner Gedanken. Du nutzt dein Vorstellungsvermögen, indem du dir das gefürchtete Ereignis ganz genau vorstellst. Anstatt jedoch den gewohnten Horrorfilm abzuspielen, veränderst du aktiv die Handlung. Du stellst dir vor, dass alles gut ausgeht. Die unerwünschte Konsequenz bleibt aus. Alles verläuft optimal, so wie du es dir wünschen würdest.

Da positive Gedanken zu positiven Gefühlen führen, wirst du das auch in deinem Körper wahrnehmen. Je intensiver du das Trockentraining machst, umso stärker wirst du dann in der Situation. Nachdem du dir gedanklich die richtigen Schritte gesetzt hast, wirst du auch dein Verhalten ändern, und deine Gefühlswelt passt sich daran an. Dies ist eine der wichtigsten Übungen, um Ängste zu bekämpfen. Denn bevor man sich im wahren Leben der Angst stellt, sollte man vorbereitet sein.

Es reicht schon aus, gedanklich zu gewinnen, um Glückshormone freizusetzen, die Situation neu zu bewerten, sich stark zu fühlen. Denn wenn du dich gedanklich deinen Ängsten stellst, ist es für das Gehirn dasselbe, als ob du es im echten Leben gemacht hättest. Dein Gehirn lernt, speichert die positive Erfahrung ab und lässt dich wachsen. Wenn du das oft genug übst, gelingt dir diese Veränderung dann auch im realen Leben.

Das Training findet im Kopf statt. Der Trainingsplatz ist deine Fantasie. Dein Coach ist dein Selbstgespräch mit dir selbst. Dein Mut lässt dich kämpfen, dein Siegeswille wird dir Ausdauer bringen und dich am Ende als Gewinner küren. In deinem Kopf ist dir der Sieg gewiss.

Je schwerer dir ein Schritt fällt,
desto wichtiger ist, dass du ihn tust.

Auch Marathonläufer üben sich im Mentaltraining. Sie stellen sich immer wieder vor, wie anstrengend es sein wird, weiterzulaufen und einen Schritt nach dem anderen zu machen. Sie stellen sich genau vor, wie sie diese anstrengenden, schmerzhaften Momente ausblenden, diese Hürden überwinden und ins Ziel laufen. Immer wieder sehen sie das Ziel vor sich. Der Grund, warum sie gestartet sind und immer weiterlaufen. Die Endstation, der Beweis, dass sie es geschafft haben. Sie werden es schaffen, denn sie haben es so oft vor ihrem inneren Auge gesehen, wie sie die Ziellinie überqueren. Fast wie eine Vision, eine Art Prophezeiung, die sich erfüllen muss. Durch dieses mentale Trockentraining werden sie stark, unaufhaltsam und der Meister ihres Geistes.

Auch du kannst deine Fantasie für dich nutzen, dich deiner Angst stellen, sie gedanklich besiegen und somit stärker werden.

Wunder geschehen,
wenn du deinen Träumen mehr
Aufmerksamkeit schenkst als
deinen Ängsten.

Bei der Entkatastrophisierung sind zwei Punkte zu beachten:

- Die Aufmerksamkeit muss auf das Weiterdenken der Vorhersagen gerichtet sein.
- Die Gedanken darüber, was passieren würde, wenn die schlimmsten Befürchtungen eintreten, müssen genau beschrieben und neu durchdacht werden.

Denn gedanklich reißt der Film an einer gewissen Stelle ab. Oft sind es nur Bilder und Fetzen einer Geschichte, wie es weitergehen könnte. Zu Ende gedacht, vollkommen durcherzählt, ist das Schreckensszenario nicht mehr schrecklich. Deshalb heißt es, die Geschichte zur Gänze durchzudenken und positiv abzuschließen. Es findet also eine aktive Auseinandersetzung mit der Angst statt. Du stellst dich der Angst, mit all den gefürchteten Konsequenzen, und erfüllst dieses Horrorszenario mit Liebe, Hoffnung und Mut zum Wachstum.

Deine Vorstellungskraft ist
das einzige Limit.

Beispiel 1:
»Ich habe Angst, nicht gut genug zu sein.«
Was wäre, wenn die allerschlimmste Befürchtung eintreffen würde?
»Es wäre schrecklich, wenn ich kritisiert werden würde.«
Was wäre, wenn es tatsächlich passiert?
»Ich wäre traurig und würde auf meine Schwächen hingewiesen werden.«
Ist das lebensbedrohlich?
»Nein.«
Tut das weh?
»Nein, nicht körperlich.«
Ist dein Gedanke, deine gefühlte Bedrohung, wirklich wahr?
»Nein.«
Wie kann diese Vorstellung positiv ausgehen?
»Ich bekomme Lob. Neben dem, was ich vielleicht nicht kann, bekomme ich auch positives Feedback über das, was ich sehr gut kann.«

Beispiel 2:
»Ich habe Angst vor Spinnen.«
Was wäre, wenn die allerschlimmste Befürchtung eintreffen würde?
»Ich würde schreien und in Panik geraten.«
Was wäre, wenn du wirklich in Panik gerätst? Was würde konkret passieren?
»Ich würde herumspringen, kreischen, weinen und irgendwann damit aufhören.«
Ist das lebensbedrohlich?
»Nein.«
Tut das weh?
»Nein.«
Sind deine Gedanken wirklich wahr?

»Nein, Spinnen tun mir nicht weh.«
Wie kann diese Vorstellung positiv ausgehen?
»Ich schreie, bis ich nicht mehr kann, und höre auf. Danach beruhige ich mich und entferne die Spinne.«

Beispiel 3:
»Ich habe Angst, verletzt bzw. abgewiesen zu werden.«
Was wäre, wenn die allerschlimmste Befürchtung eintreffen würde?
»Ich würde einen Menschen verlieren, der mir viel bedeutet.«
Was wäre, wenn du diesen Menschen verlierst?
»Ich wäre sehr traurig, und mein Leben würde sich komplett ändern, was ich nicht will.«
Ist das lebensbedrohlich?
»Nein.«
Tut das weh?
»Ja, meinem Herzen schon.«
Sind deine Gedanken wirklich wahr?
»Nein, ich werde nicht sterben. Eine Veränderung muss nicht schlecht sein.«
Wie kann diese Vorstellung positiv ausgehen?
»Wenn mich ein Mensch nicht schätzt und mir wehtut, soll ich diesen aus meinem Leben gehen lassen. Der Schmerz ist spürbar, aber nicht tödlich. Ich werde ein paar Wochen leiden, weinen und sehr traurig sein. Danach geht mein Leben weiter. Es ist Platz für neue tolle Menschen, die mir mehr Liebe und Wertschätzung geben können.«

Etwas Schönes wird aus dem wachsen,
was du gerade durchmachst: Du.

Und auch wenn das schlimmstmögliche Szenario der Tod sein sollte, dann bedeutet dies auch nur Stille, den Abschied, das Ende. Das Ende wird irgendwann kommen, es ist unvermeidlich. Das Leben wird definiert durch die Geburt und den Tod. Das dazwischen ist (Lebens-)Zeit und der Lebensweg. Wirklich schlimm oder unerwartet kommt der Tod meist nicht in unser Leben. Wir sollten in dem Bewusstsein leben, dass es ein Ende gibt, es uns schön machen, nicht darauf warten und es annehmen und willkommen heißen, wenn es so weit ist. Tod ist meiner Meinung nach nicht das Schlimmste. Für mich persönlich ist das Leid auf Erden schlimmer als der gefühllose Tod und das stille Nichts. Wie siehst du das?

Ist der Gedanke an den Tod für dich schlimm?
Welche schönen Seiten bringt ein Ende, ein »Tod« mit sich?

____

____

____

Du bist jetzt an der Reihe. Hinterfrage deine Angst. Stelle dich der Situation. Lasse die Geschichte weiterlaufen, um zu sehen, was wirklich passieren würde. Verändere dann die Situation positiv. Was für Möglichkeiten und Chancen ergeben sich dadurch? Was kannst du in der Situation machen? Was ist hilfreich? Sind deine ersten Gedanken wirklich wahr? Wie realistisch ist die gedachte Katastrophe?

Was wäre, wenn die Angst auftritt?

Was würde konkret passieren? Denke die Geschichte zu Ende.

Wie würdest du dich verhalten?

Wie wahrscheinlich ist dieser Ausgang? (0–100 %)

Tut das weh? Ist das lebensbedrohlich?

Sind deine Gedanken wirklich wahr?

Wer bzw. was könnte helfen?

Wie kann die Situation positiv ausgehen?

Überlege dir, was ist das wahrscheinlichste Szenario, was ist das Schlimmste, was passieren könnte, und was wäre das beste Ereignis?

Trage diese drei möglichen Ausgänge in die leeren Felder ein.

Ausgangssituation

Was wäre das schlimmste vorstellbare Szenario?	Was wäre das vorstellbare Szenario?	Was wäre das wahrscheinlichste Szenario?

Mit dieser Übung trainierst du die Flexibilität deiner Gedanken. Du kommst weg von der ausschließlich negativen, unwahrscheinlichen Vorstellung hin zu einem realistischen oder auch schönen Erlebnis.

Je öfter du Situationen gedanklich positiv ausgehen lässt, umso mehr glaubst du an das positive Endergebnis und umso mehr ziehst du dieses auch an. Häufig reicht alleine dieses Mentaltraining aus, um daraus zu lernen, um Lösungswege zu erschaffen und dies als positive Erfahrung abzuspeichern. Von daher kann dieses Trockentraining Wunder bewirken, Ängste heilen und Selbstsicherheit schenken.

Versuche, das Szenario so genau wie möglich vor Augen zu haben. Verwende all deine Sinne: rieche, schmecke, fühle, höre, sieh genau hin. Wo befindest du dich? Was trägst du? Was zeigt dein Gesicht? Wie verhält sich dein Körper, wenn du angstfrei bist? Was umgibt dich? Beschreibe die Farben, Materialien, Geräusche und Gerüche.

Die stärksten und glücklichsten Menschen sind durch die Überwindung ihrer Ängste geboren worden.

Dann heißt es üben, üben, üben. Tagtäglich stellst du dir nun den positiven Ausgang vor. Immer leichter und irgendwann schon fast automatisiert werden die Bilder in deinem Kopf ablaufen. Du siehst dir dabei zu, wie du deine Angst besiegst, Herr der Lage bist und mit erhobenem Haupt den Schauplatz verlässt. Wenn dir dein Angst auslösender Reiz (Aufzug, Kritik, Spritze, Abhängigkeit etc.) in Gedanken keinen Schauer mehr über den Rücken laufen lässt, ist es Zeit, in der Realität dies zu erproben. Nutze dafür die Angstimpfung (Kapitel 18, S. 313), um dich Schritt für Schritt anzunähern und zu immunisieren.

14.

Affirmationen

Gedanken lösen Gefühle aus, und Gefühle lassen dich handeln.

Glaubenssätze sind Sätze, die für dich die Welt erklären und auch dein Verhalten. Sie sind oft erlernt und hatten ihre Berechtigung. Jedoch sind viele davon kontraproduktiv und schüren Ängste und Zweifel, die du vielleicht ablegen möchtest. »Menschen sind kritisch und mögen mich nicht«, »Höhe zeigt, wie weit ich fallen kann, und bringt mir den sicheren Tod«, »Spritzen sind gefährlich«, »Ich kann nicht vor Menschen sprechen«, »Ich bin machtlos«.

Affirmationen, positive Sätze, können dir dabei helfen, diese negativen Glaubenssätze zu überwinden.

Du hast bereits die Fragetechnik (siehe Gedanken-Gefühle-Verhalten) erlernt, welche dir zeigen kann, dass viele Sorgen und Ängste unbegründet sind. Die vierte und wichtigste Frage dabei war: Wie lautet ein alternativer, hilfreicher Satz? Da dich positives Denken auch positiv fühlen lässt, ist es essenziell, an den eigenen Gedanken zu arbeiten, um Angst, Scham und Zweifel zu vertreiben.

Welche Glaubenssätze du hast, erfährst du, indem du über die gefürchteten Situationen nachdenkst, in dich gehst und versuchst, deine Gefühle und dein Verhalten nachzuvollziehen. Was sind die Auslöser für das Gefühlte und dein Handeln? Dass du auf der richtigen Fährte bist, wirst du daran merken, dass sich die Gefühle verstärken. Wenn du plötzlich den Tränen nahe bist, dein Körper kribbelt oder dein Atem schneller wird.

Ängste zeigen deine Glaubenssätze, Weltanschauung und Selbstzweifel.

Schreibe für dich passende Glaubenssätze auf. Dabei kann es helfen, das Gegenteil von dem zu bilden, was deine Angstgedanken zu dir sagen. Ein paar Beispiele:

Angstgedanke	positive Affirmation
Ich bin nicht gut genug.	*Ich bin gut genug. Ich bin gut so, wie ich bin.*
Ich kann das nicht.	*Ich lerne und wachse. Ich werde jeden Tag besser.*
Spritzen sind gefährlich.	*Spritzen sind wichtig und heilen mich.*
Höhe ist der sichere Tod.	*Höhe ermöglicht mir einen wunderbaren Ausblick.*
Ich bin hilflos.	*Ich habe die Kontrolle über mich und meinen Körper.*
Ich bin schwach.	*Ich bin stark und kann alles schaffen, was ich will.*
Menschen sind Idioten.	*Menschen sind spannende Wesen, die alle nur geliebt werden wollen.*
Ich kann nicht vor Menschen sprechen.	*Ich kann vor Menschen sprechen.*
Fehler machen mich minderwertig.	*Fehler sind Lernchancen und machen mich besser als zuvor.*
Andere sind besser als ich.	*Ich bin mein einziger Konkurrent.*

Schreibe nun deine eigenen Angstgedanken nieder. Notiere deine Selbstzweifel und belastenden Gedanken. Formuliere dann neue Sätze, bei denen du dich gut fühlst und die unerwünschten Gefühle vertrieben werden.

Angstgedanke	**positive Affirmation**
____________________	____________________
____________________	____________________
____________________	____________________
____________________	____________________
____________________	____________________
____________________	____________________
____________________	____________________
____________________	____________________
____________________	____________________
____________________	____________________

Glaubenssätze sind das A und O, um eine Verhaltensänderung zu bewirken. Diese einfache Übung braucht kaum Energie und ist doch eine der wirkungsvollsten.

Ich verwende diese Technik seit Jahren und kann nicht mehr darauf verzichten. Denn alles, was mich belastet, kann damit beseitigt werden. Zum Beispiel hatte ich zu Beginn meiner Trainerkarriere Angst, vor vielen Menschen zu sprechen. Die Angst habe ich hinterfragt und mithilfe von neuen Glaubenssätzen in den Griff bekommen. Mir halfen vor allem folgende Sätze, die ich mir jeden Tag laut vorgesagt habe: »Menschen lieben es, mir zuzuhören«, »Ich bin eine hervorragende Rednerin«. Dies half, mir ein gutes Gefühl zu geben und selbstbewusst meine Workshops abzuhalten. Denn ich habe mich passend zu meinen Gedanken verhalten. Ich dachte ja, dass mir die Menschen gerne zuhören, also sprach ich laut, deutlich und gab mein Wissen ohne Zweifel weiter. Da ich an mich glaubte, glaubten auch andere an mich. Da ich nicht an mir zweifelte, taten es auch nicht die Teilnehmer.

Da mein innerlicher Kritiker oft die Stimme erhebt, habe ich auch meine Selbstzweifel damit besiegt. Kritik ist eine Lernchance. Kritik macht mich stärker. Kritik zeigt, dass ich dem Menschen wichtig bin und er mich ernst nimmt. Kritik ist eine kostenlose Hilfe, um mich selbst besser kennenzulernen. Kritik macht mich erfolgreicher. Kritik ist eine subjektive Meinung, die ich annehmen kann oder jederzeit leicht zur Seite schieben. Ich entscheide, woran ich zweifle oder nicht zweifeln möchte. Negatives prallt an mir ab.

Glaubenssätze sind Sätze,
an die du glaubst.

Auch wenn du diese neuen Glaubenssätze vielleicht nicht sofort annehmen und glauben kannst – wenn du sie dir oft genug vorliest oder vorsprichst, wirst du sie irgendwann glauben. Dies funktioniert wie eine Gehirnwäsche. Wenn Kindern oft gesagt wird, dass sie es zu nichts bringen werden, glauben sie dies. Unterbewusst wird dies fest verankert. Wenn Menschen oft genug gesagt wird, was sie glauben sollen, werden sie es glauben. Kannst du dich noch an bestimmte Sätze erinnern, die deine Eltern oft gesagt haben? »Iss den Teller auf, dann wird es schön«, »Nie ohne Seife waschen«, »Mach den Kühlschrank nicht so lange auf!«, »Fleisch ist (un-)gesund!«. All dies kommt dir in einer passenden Situation in den Kopf. Ganz automatisch, weil du es oft gehört hast. Natürlich verhältst du dich auch dementsprechend, denn dein Verhalten ist immer kongruent zu deinen Gedanken. Jedes Verhalten ist logisch für die Person, denn dieses spiegelt die inneren Gedanken wider.

Zusätzlich zu diesen abgewandelten Angstgedanken kannst du auch davon unabhängig für dich neue Glaubenssätze erschaffen, die deine Weltanschauung verändern und auch deinen Blick auf dich selbst. Mit ermutigenden Sätzen kannst du dir neue Ideen in den Kopf pflanzen, die deine Gefühle und dein Verhalten positiv beeinflussen. Mit Affirmationen wirst du all das in dein Leben bringen, was du dir wünschst und derzeit noch gefehlt hat. Durch nicht einmal fünf Minuten am Tag kannst du deine Perspektive, deine Einstellung und Meinung grundlegend ändern und somit ein neues Ich erschaffen, welches stark, unabhängig und hoffnungsvoll durch die Welt geht.

Jedes Verhalten spiegelt die
eigenen Gedanken wider.

Als Inspiration habe ich dir meine liebsten Glaubenssätze notiert, die bei Ängsten, Sorgen und Selbstzweifeln Wunder bewirken können:

Positive Affirmationen

Ich bin stark.
Nichts kann mich aufhalten.
Ich kann Angst wahrnehmen und jederzeit leicht zur Seite schieben.
Angst ist mein Freund.
Ich bin in jeder Situation ruhig und gelassen.
Angst ist ein wichtiges Zeichen, dass ich handeln soll.
Ich bin dankbar, dass meine Angst mich schützen möchte, kann sie aber jederzeit vertreiben.
Ich gestalte mein Leben.
Angst hält mich nicht auf.
Ich treffe die Entscheidungen über mein Leben.
Ich bin ein Gewinner.
Ich besiege meine Angst.
Gefühle machen mich menschlich.
Ich gestalte ein Leben, welches mir Freude bereitet.
Ich habe die Macht über mein Leben.
Ich akzeptiere es oder ändere es.
Ich habe die Kontrolle über meine Gedanken und meinen Körper.
Ich werde jeden Tag stärker, besser und mutiger.
Das Leben hat noch so viel Gutes mit mir vor.
Ich akzeptiere mich mit all meinen Fehlern.
Meine kleinen Fehler machen mich liebenswert und besonders.
Ich liebe mich für das, was ich schon alles geschafft habe und noch schaffen werde.

Jeder Fehler ist eine Lernchance und bringt mich voran.
Ich vergebe mir selbst und allen anderen.
Alles Negative prallt an mir ab.
Ich bin mein einziger Konkurrent.
Meine Meinung ist wichtig.
Ich darf jederzeit meine Meinung sagen.
Ich bin dankbar, auf dieser Welt zu sein und zu fühlen.
Jeder neue Tag ist eine neue Chance.
Ich vertraue dem Universum.
Ich werde meinen Weg finden.
Menschen bereichern mein Leben.
Menschen mögen mich und schätzen meine Anwesenheit.
Es gelingt mir jeden Tag besser, die Dinge positiv zu sehen.
Jeder Tag bringt mir Freude.
Jeder Tag lässt mich lernen und macht den nächsten Tag noch schöner und leichter.
Ich kann alles schaffen, was ich will.
Ich glaube an mich.

Wie fühlst du dich nach dem Lesen dieser Sätze?

____

____

Wichtig ist, die Sätze aktiv und positiv zu formulieren. Aktiv heißt, dass du so sprichst, als wäre dies schon eingetroffen. Positiv formulieren bedeutet, dass du auf NICHT und KEIN verzichtest. Wenn du sagen würdest: »Die Angst bestimmt nicht mein Leben«, würde dein Gehirn das nicht überlesen und somit dir einreden, dass die Angst dein Leben bestimmt. Die beliebte Übung: »Denke nicht an einen rosa Elefanten am Trampolin« lässt diesen sofort in deinem Kopf erscheinen, obwohl es die Aufforderung gab, nicht daran zu denken.

Welche dieser Sätze haben dir gefallen? Bei welchen hattest du sofort ein gutes Gefühl oder ein Lächeln auf den Lippen? Schreibe diese Sätze nieder!

Sind dir nach dieser Inspiration weitere Affirmationen eingefallen, die du in dein Leben aufnehmen möchtest? Übe dich im Verfassen positiver Gedanken!

____

____

____

____

____

Sieh dir nochmals all die positiven Sätze an, die du niedergeschrieben hast. Welche sind dir besonders im Gedächtnis geblieben? Welche sind für dich am hilfreichsten?

Da du nicht alles auf einmal angehen kannst, nimm dir Schritt für Schritt Themen vor, die du angehen möchtest. Suche dir die für dich aktuell wichtigsten Sätze aus und integriere diese in deinen Alltag. Wenn dir diese geholfen haben, du sie fühlst und ein neues Thema angehen möchtest, verändere die Kombination deiner Glaubenssätze. Füge einen hinzu, streiche einen weg, je nachdem, was du gerade brauchst und dir guttun würde.

Katja hatte den Satz »Meine Meinung ist wichtig – ich darf sie jederzeit sagen« in ihr Leben aufgenommen, sich täglich vorgelesen und hat drei Tage danach den Betriebsrat ihrer Firma kontaktiert, um Missstände anzusprechen. Als ihr bewusst wurde, dass der Satz ihr geholfen hat und sie ihn nicht mehr braucht, hat sie sich einen neuen ausgesucht, der von nun an in ihren Gedanken vorkommen sollte.

Notiere fünf bis zehn Affirmationen, die du von nun an in deinen Gedanken verankern möchtest.

Diese Glaubenssätze solltest du dir täglich durchlesen. Mindestens einmal am Tag, gerne auch öfters. Du kannst diese auf einem Plakat aufhängen und ihnen einen Platz in deiner Wohnung geben (Kühlschrank, Kleiderschrank, Bad etc.). Du kannst sie auch auf einem Papier in der Geldtasche mittragen, um sie immer wieder lesen zu können. Auch auf deinem Arbeitsplatz kannst du sie bei dir behalten und immer vor dem Start in den Tag durchlesen.

Nicht nur während des Lesens wirst du dich gut fühlen, auch danach. Du wirst den Tag anders erleben, du wirst dich dabei anders fühlen und gestärkt deine Aufgaben bestreiten.

So wie du dich selbst liebst,
zeigst du anderen Menschen,
wie sie dich lieben sollen.

Zum Abschluss lies dir folgende Zeilen laut vor:

Ich bin stark, weil ich meine Schwächen kenne.
Ich bin mutig, weil ich mich meinen Ängsten stelle.
Ich bin schön, weil ich mich so liebe, wie ich bin.
Ich bin erfolgreich, weil ich meine Ziele kenne.
Ich bin klug, weil ich weiß, wer ich bin und was ich will.
Ich bin glücklich, weil ich mich dafür entschieden habe.

Vervollständige nun die leeren Zeilen:

Ich bin furchtlos, weil

____ .

Ich bin unaufhaltsam, weil

____ .

Ich liebe mich, weil

____ .

Ich bin stolz auf mich, weil

____ .

Ich werde es schaffen, weil

____ .

Ich bin glücklich, weil

____ .

Wir können nur so viel Liebe annehmen,
wie wir zu verdienen glauben.

15.

Grenzen überwinden

Angst kennzeichnet unsere eigenen Grenzen. Unsere Komfortzone wird dadurch von der Gefahrenzone getrennt. Um uns herum verläuft eine imaginäre Schnur, die Gefahr und Behaglichkeit in zwei Lager spaltet. In gewohnten Situationen fühlen wir uns wohl, die kennen wir, haben wir oft erlebt und gemeistert. Alles, was neu erscheint, unbekannt ist oder Risiken birgt, zeigt der Körper durch Angst- oder Stresssymptome an. Denn hier kann die Bedrohung nicht realistisch eingeschätzt und kalkuliert werden. Wie sollen wir wissen, wie dieses Szenario ausgeht? Wie wissen wir, was das richtige Verhalten ist und wie wahrscheinlich die negativ vorgestellten Konsequenzen eintreffen? Die Grenzlinie, die Szenarien in angenehm und bedrohlich teilt, ist fein. Diese Grenzmarken, die zwischen Wohlfühlen und Bedrohung entscheiden, setzen wir uns selbst. Wir selbst teilen die Welt in rote Gefahrenzonen ein und in grüne Wohlfühloasen. Dazwischen existiert kaum etwas.

Konzentriere dich nicht darauf,
was dich nicht liebenswert macht.
Konzentriere dich darauf,
was dich unterscheidet und besonders
(liebenswert) macht.

Daher ist das Ziel der folgenden Übung ganz klar: Grenzen zu überwinden. Innerlich gesetzte Schranken sollen fallen und die Tore zu Wachstum und Erkenntnis öffnen. Denn zu lange lassen sich die meisten von durch sie selbst kreierten Markierungen einschränken. Umwege, Ausflüchte und Ausreden lassen es zu, einen weiten Bogen um die gefährlichen roten Zonen zu machen. Dies kostet Zeit, Nerven und raubt den Glauben an sich selbst.

Was befindet sich in deiner roten Gefahrenzone? Welche gedanklichen Vorstellungen machen dir Angst?

Was sind für dich Komfortzonen? Welche Situationen sind dir bekannt und hast du oft erlebt, sodass du hier ohne Angst und mit viel Selbstvertrauen herantreten kannst?

____

____

____

____

____

Tu dein Bestes, bis du es besser weißt. Dann, wenn du es besser weißt, mach es besser.

Komfortzonen und sichere Gebiete können zahlreiche Aktivitäten sein: zum Beispiel das Kochen, wenn du schon oft gekocht hast und du weißt, dass du dies gut machen wirst. Dafür hast du oft Lob bekommen, und dein Glaube an dich selbst wurde somit bestätigt. Es kann ein anderes Hobby sein, es kann auch deine Arbeit sein, wenn du dich hier geschätzt, wichtig und kompetent fühlst. Manche sind sehr gut im Small Talk und im Zugehen auf Menschen, auch dies kann dir leichtfallen und somit in deinem grünen sicheren Gebiet liegen. Vielleicht ist deine Komfortzone an bestimmte Orte oder Menschen geknüpft, weniger als an Dinge. Möglicherweise ist jedes Terroir sicher, wenn du deinen Partner, deine Freunde oder Familie dort vorfindest. Auch dein Bett oder dein Sofa kann ein schöner Ort sein, an dem du dich zu keinem Zeitpunkt unsicher oder schwach fühlst. Gegenstände wie ein Fernseher, ein Telefon oder ein Baum können dir ein angenehmes Gefühl geben. Sieh dir nochmals deine Antworten an und ergänze, wenn nötig.

Jegliche genannten Begriffe im geschützten und gefahrlosen Bereich könnten genauso gut auch ein Symbol für Angst sein. Denn was nicht durch unsere eigenen Erfahrungen im grünen Bereich verortet ist, wird automatisch zum orangen oder roten Bereich gehören und umgekehrt. Wenig bleibt neutral, unser Bewertungsmechanismus im Gehirn ist schnell und sucht ständig Vergleiche, um die Lage einschätzen zu können.

Auch Personen können ein Gefühl der Beklemmung auslösen, wenn du dich zum Beispiel schämst, minderwertig oder nicht gehört und verstanden fühlst. Gegenstände oder Tiere können auf dich bedrohlich wirken, ob es eine Spinne, ein Auto, ein Kleid oder ein Teller ist. Ängste sind vielfältig. Die Angst vor Statusverlust, vor Höhe, vor Zurückweisung, vor dem Verlassenwerden, vor Tieren. Die Angst zu sterben, Fehler zu machen und nicht gut genug zu sein. Die Angst vor Veränderung und unbekannten, neuen Situationen. Die Angst, eine falsche Entscheidung zu treffen. Ein Gefühl von Angst kann durch Situationen, Personen oder Gegenstände ausgelöst werden. Grund dafür sind die negativen Erfahrungen und die eigenen Gedanken und Bewertungen dieser einst neutralen Themen.

Zeichne nun auf der nächsten Seite einen Kreis. Dieser Kreis symbolisiert deine innerlich gesetzten Grenzen. Schreibe in den Kreis Situationen, in denen du dich wohlfühlst. Du kannst die Worte ausschreiben oder mit Zeichnungen darstellen.

Alles innerhalb der Fläche steht für deine Komfort- und Wohlfühlzone.

Schreibe um die Kreislinie herum, was deine Angstgebiete sind, mögliche Szenen, Orte, Vorstellungen, die dir einen Schauer über den Rücken laufen lassen und die Angst und Panik in dir schüren. Dies sind deine roten Gefahrenzonen, die du meidest, scheust, die dich ängstigen und zurückhalten.

Nimm dir Zeit, um das Maximum aus dieser Übung herauszuholen.

Wie fühlst du dich in deiner Komfortzone?

Welche Gedanken hast du, wenn du an deine Komfortzone denkst?

Wie verhältst du dich in deiner Komfortzone?
Wie fühlt sich dein Körper an?

Wie fühlst du dich in der Gefahrenzone?

Welche Gedanken hast du, wenn du an deine Gefahrenzone denkst?

Deine Gedanken sind wie Treppen.
Sie führen dich nach oben oder nach unten.

Sieh dir den Bereich außerhalb des Kreises genau an. Was macht dieses Bild mit deinem Körper? Wie fühlt sich dein Körper an?

Wie verhältst du dich in deiner Gefahrenzone?

Nachdem du deine Wohlfühloasen und Angstgebiete ermittelt hast, ist es Zeit, den Kreis zu durchbrechen.

Male Wege von der Kreismitte zum gefährlichen Territorium. Überwinde diese Grenzen. Male verschiedene Trampelpfade oder Straßen, auf denen Autos oder Radfahrer die Grenzen überschreiten können. Zeichne derartig viele Wege, sodass die Kreislinie kaum noch zu erkennen ist und die Grenzmarkierung kaum noch ersichtlich ist.

Wie gelangst du von deiner sicheren Zone in das neue, unbekannte Terroir?

Zeichne Wegschilder, die nach außen zeigen und auf denen diese oder ähnliche Phrasen stehen: »Hier entlang«, »Paradies«, »Der Weg in die Freiheit«, »Abenteuerland« und »Hier wachse ich«.

Wie lauten deine Wegschilder?

____

____

____

Zeichne nun in das zuvor als gefährliche Zone titulierte Gebiet Blumen, Bäume, Häuser, Schlösser, Bäche, Regenbögen und andere schöne Dinge, die dich dort wohler fühlen lassen und dem Land den Schrecken nehmen.

In welchen Umgebungen fühlst du dich wohl? Was kannst du zeichnen, um den Wohlfühlfaktor zu erhöhen?

____

____

____

Gib deinem neu erschlossenen Gebiet einen Namen.
Wie möchtest du dein neu entdecktes Stück Land nennen?

___

Wie möchtest du dein altes, bekanntes Land nennen, in dem du dich zu Hause fühlst?

___

Schreibe die Namen groß und gut leserlich zu den zwei nun mit Wegen vereinten Gebieten.

Nun sieh dir deine Gefahrenzone an und lese die Gefühle und Gedanken langsam und laut vor, die du bei deiner Wohlfühlzone notiert hast. Mache dies dreimal. Setze danach ein Häkchen.

☐ 1 × Gedanken und Gefühle laut vorgelesen

☐ 1 × Gedanken und Gefühle laut vorgelesen

☐ 1 × Gedanken und Gefühle laut vorgelesen

Haben sich deine Gedanken und Gefühle zu den gefährlichen Zonen geändert?

____

____

Übertrage nun das Verhalten und Körpergefühl der Komfortzone in die Gefahrenzone. Lies dreimal laut vor, was du zuvor aufgeschrieben hast. Denke dabei an alle aufgeschriebenen oder aufgezeichneten Dinge außerhalb der Kreislinie. Lies laut vor, wie du dich in bedrohlichen Situationen verhältst.

☐ 1 × Verhalten und Körpergefühl laut vorgelesen

☐ 1 × Verhalten und Körpergefühl laut vorgelesen

☐ 1 × Verhalten und Körpergefühl laut vorgelesen

Wie fühlt sich dein Körper jetzt an?

____

____

Hast du das Gefühl, die Gedanken und Gefühle in die neuen, unbekannten Gebiete mitnehmen zu können und dein Verhalten zu adaptieren?

Welche Gedanken können dir helfen, dich in Angst einflößenden Situationen sicher und stark zu fühlen? Notiere vier hilfreiche Gedanken!

1. ___

2. ___

3. ___

4. ___

Mit dieser Übung hast du deine inneren Grenzen auf Papier sichtbar gemacht. Du hast aufgezeigt, wie es in dir aussieht, und es schriftlich festgehalten. Da du Brücken, Straßen und Pfade gezeichnet hast, dem grauenvollen Ort einen Namen gegeben und ihn in einen schönen Ort verwandelt hast, wurde der Bereich außerhalb des Kreises zu einem angenehmen Platz, an dem man gerne verweilt. Innere Grenzen zu überwinden und die immer höher gewordenen Mauern einzureißen, gelingt um ein Vielfaches leichter, wenn dies zuvor in Gedanken geschafft wird. Um positive Gedanken, Gefühle und Verhaltensweisen in die Gefahrenzone mitzunehmen, braucht es diese Übung.

Du träumst davon,
aus dem Labyrinth zu entkommen,
aber deine Gedanken halten dich
in der Gegenwart fest.

Jedes Mal, wenn du spürst, dass du eine Gefahrenzone betrittst, deine imaginäre Warnblinkanlage rot aufleuchtet und dich warnt, denke dir stattdessen: Das ist nun das neu zu erkundende Gebiet. Diesen Weg muss ich beschreiten, um zu wachsen, meine Ängste abzulegen und Freiheit zu gewinnen.

Übertrete bewusst die
gedanklich gesetzte Grenzmarkierung
in das unbekannte Land.

Stelle dir in Gedanken eine Linie vor, die am Boden verläuft und diese Gefahrenzone kennzeichnet. Versuche, diese Grenzmarkierung am Boden vor dir zu sehen. Dann nimm all deinen Mut zusammen, sprich dir gut zu und setze bewusst den ersten Schritt über diese Linie. Atme tief durch, versuche loszulassen, dich zu spüren und dich zu entspannen. Gehe den nächsten Schritt über die Grenzlinie und betrete nun mit deinem ganzen Körper die Angst einflößende Situation.

Sieh dich um. Hat sich etwas gravierend verändert? Hast du dich verändert? Ist noch alles dran - Arme, Beine, Kopf? Werde dir bewusst, dass nichts passiert ist, deine Umwelt gleich geblieben bist und du hier unversehrt und gesund stehst. Fühle in dich hinein, höre auf deinen Körper und deine Gedanken. Sprich mit dir, lobe dich und schreite weiter voran.

AUS DEM KREIS AUSBRECHEN

Eine weitere Möglichkeit, dich gedanklich auf das Verlassen der Komfortzone vorzubereiten, ist, den Kreis auf ein großes Plakat zu zeichnen, sich hineinzusetzen und mit allen Wohlfühlgegenständen, -gedanken und -vorstellungen zu umgeben; entweder durch reale Gegenstände oder auch durch passende Motive oder Post-its mit geschriebenen Worten. Außerhalb des Kreises werden die sinnbildlichen Ängste dargestellt. Auch hier können Bilder, Alltagsgegenstände oder Post-its verwendet werden.

Auch bei dieser Übung sollen die Grenzen überwunden werden. Stelle dir dieselben Fragen wie bei der Aufgabe zuvor. Stehe auf und setze den ersten Schritt über die Kreislinie. Begib dich bewusst zu deiner ersten Bedrohung. Sage immer wieder zu dir: »Hier entlang«, »Das ist der richtige Weg«, »Der Weg aus der Angst führt durch die Angst«, »Ich bin stark«. Nutze Glaubenssätze und positive Affirmationen, um Herr über deine Gefühlswelt zu werden und somit deinen Körper und dessen Verhalten steuern zu können.

Manchmal ist das Gras
auf der anderen Seite grüner,
weil du vergessen hast,
dein Gras zu gießen.

Suche bei dieser Übung bewusst den Schmerz, die Angst und die Verletzlichkeit. Bedanke dich für deine Gefühle, die dich schützen wollen. Verabschiede dich von ihnen, denn du brauchst sie nicht, die Warnung ist unnötig. Versetze dich in die Situation, stelle sie dir bildlich vor. Verharre so lange, bis jegliches schlechte Gefühl weg ist. Nutze dafür die Macht deiner Gedanken. Sieh dich in der imaginären Gefahrenzone um. Fühle deinen Körper, spüre, dass alles noch heil ist und es dir gut geht. Dir geht es so gut. Wenn die Vorstellung nicht mehr gefährlich, bedrohlich oder Angst einflößend ist, nimm den Zettel oder Gegenstand mit in den Kreis, in deine Komfortzone. Das machst du mit jedem Gegenstand, bis alle irgendwann in der Kreismitte gelandet sind.

Solltest du nicht alle symbolischen Ängste sofort in die Kreisfläche befördern können, ist das okay. Du kannst in den nächsten Tagen weiter daran arbeiten. Nimm dir die Zeit, die du brauchst, um dich deiner Angst, deinen Sorgen und Zweifeln zu stellen, diese gedanklich zu meistern und zumindest am Papier in deine Wohlfühlzone integrieren zu können.

Wenn du dies geschafft hast, kannst du das Plakat aufhängen. Wenn es keine Post-its oder gemalten Zeichnungen sind, die du leicht befestigen kannst, dann fotografiere das Bild und stecke es in deine Geldbörse.

ENTSCHEIDUNGEN TREFFEN

Diese Vorstellungsübung von der bewussten Überschreitung der eigenen Grenzen kannst du immer wieder für dich nutzen. Auch wenn es nur eine Entscheidung ist, die es zu treffen gilt. Mache bewusst einen Schritt in die Richtung der Entscheidung, die du triffst. Entscheide dich nicht nur gedanklich, sondern zeige dies auch mit deinem Körper und dem ersten Schritt in die für dich ausgewählte Richtung.

Setze den ersten Schritt in die richtige Richtung: Fühle, spüre, erlebe.

Vor allem bei wichtigen Entscheidungen kann dies hilfreich sein, um das eigene Bauchgefühl ins Boot zu holen und einen klaren Kopf zu bekommen. Du kannst deine Wahlmöglichkeiten mit symbolischen Gegenständen vor dir auflegen. Diese ausgewählten Gegenstände stehen für jeweils eine Entscheidung. Alle sollen gleich weit von dir entfernt sein, im Bestfall mehrere Meter. Danach mache bewusst ein paar Schritte auf die erste Möglichkeit zu. Versuche, in dich hineinzuhören und deine Gefühle und Gedanken wahrzunehmen. Spiele diesen Weg, den du gehen könntest, durch, mit all seinen potenziellen Ausgängen.

Danach gehe zurück zum Ausgangspunkt. Sammle dich dort, versuche dich von dem Gedanken- und Gefühlschaos zuvor zu lösen. Wenn du dich davon verabschiedet hast, bewege dich auf die nächste Entscheidungsmöglichkeit zu. Auch hier achtest du ganz genau auf deinen Kopf und Körper. Versuche, klare Worte für deine Gefühlslage zu finden und die Gedanken im Kopf in ganzen Sätzen zu formulieren. Dies machst du so lange, bis du alle Eventualitäten durchgespielt hast.

Durch dieses Zugehen auf eine potenzielle Zukunft, indem bewusst ein (gedanklicher) Schritt in diese Richtung gesetzt wird, wird die Entscheidung mit all ihren Konsequenzen spürbarer und klarer. Mir hilft diese Methode wesentlich mehr als die beliebte Pro- und Contra-Liste.

Wenn ich eine Entscheidung treffen muss, nehme ich mir fünfzehn Minuten Zeit, lege mich ins Bett und spiele alle Möglichkeiten durch. Ich fühle, ich beobachte, ich lasse die Gedanken kommen und gehen: Ob es bei der Wahl einer neuen Wohnung war, bei der keine perfekt war, ob es die Auswahl von Kooperationspartnern betraf, bei der es nicht möglich war, allen zuzusagen, oder auch nur die Entscheidung für das Abendessen. Hinsetzen, Augen zumachen und fühlen. Dein Körper wird dir zeigen, was sich besser anfühlt.

Nicht nur bei dieser Übung, sondern auch bei der Kreisübung zuvor solltest du merken, wie erkenntnisreich derartige Visualisierungen sind, um sich seiner selbst besser bewusst zu werden. Dein Körper kennt die Antwort häufig schon, bevor sie im Kopf angekommen ist.

1 % MEHR

Solange du vorangehst, spielt das Tempo keine Rolle. Am Ende wird nicht gefragt, wie du es bis zur Bergspitze geschafft hast, das Ergebnis zählt. Niemand kann ansatzweise nachvollziehen, wie schwer der Weg nach oben war, das weißt ganz alleine du. Es wird auch nicht gefragt, über wie viele Schluchten du springen musstest, wie viele Bäche du überqueren, wie viele Umwege du machen musstest oder wie knapp davor du warst aufzugeben. Ein Schritt nach dem anderen. Das große Ganze sehen, das Ziel immer vor Augen haben und daran glauben, dass der Weg zu einem schönen Ende führt, an den Ort, an den du schon immer gelangen wolltest. Ein Wohlfühlort, der all die harte Arbeit wert war und nun vor dir liegt, als wäre es ganz einfach gewesen.

Gehe dein Tempo, deine Geschwindigkeit. Sei nicht zu streng mit dir, wenn du eine Pause brauchst, einen Schritt wieder zurückgehst und einen anderen neuen Weg entdeckst, der dir in diesem Moment leichterfällt und zusagt. Solange du auf deiner Reise bist und vorangehst, kannst du beruhigt sein, denn du bist auf dem Weg zu deinem Ziel. Jeder einzelne Schritt bringt dich deinem Traum näher. Gib nicht auf.

Am Ende fragt niemand,
über wie viele Schluchten du springen musstest,
wie viele Umwege du gemacht hast
oder wie knapp du davor warst aufzugeben.

Das Motto sollte lauten: »Jeden Tag 1% besser als am Vortag«. Es reicht, wenn du dich nur ein bisschen mehr traust, ein bisschen weiter gehst, nur 1% mehr Mut an den Tag legst oder einen negativen Gedanken zu erkennen und zu verabschieden.

Du musst nicht alles sofort können und haben. Dies ist ein Prozess. Du brauchtest neun Monate im Bauch, um ein vollständiges überlebensfähiges Wesen zu werden. Du brauchtest vier Jahre, bis du die ersten Worte sprechen konntest. Das Lesen und Schreiben hat weitere Jahre gefordert. Wie schnell hast du Gitarre spielen gelernt? Wie lange brauchtest du, um Eislaufen zu können, Rad zu fahren oder zu schwimmen? Wie lange hat es gedauert, dass ein Mensch zu deiner engsten Bezugsperson wurde? Wie lange hat es gebraucht, wahres Vertrauen aufzubauen und tiefe Freundschaften? Wie lange hat es gedauert, bis du Sex genossen hast? Wie lange hast du gebraucht, dich zu verstehen - dein Verhalten und deine Ängste?

Das Leben ist ein Prozess, ein langer Weg, der immer wieder neue Abzweigungen macht. Stoppschilder bremsen einen, und Vorfahrtstraßen lassen einen dann wieder vorbeiziehen. Manches hört auch nie auf, wie das Lernen. Lebenslanges Lernen heißt es. Ein Leben lang lernst du etwas über dich. Denn auch du änderst dich, deine Vorlieben und dein Geschmack. Du wirst klüger, besser und stärker, mit jedem Tag auf dieser Welt, mit jeder Erfahrung. Somit kann jedes neue Jahr nur besser werden als das zuvor, denn du weißt mehr. Du weißt mehr über dich, über ein für dich erfülltes und glückliches Leben. Du weißt besser, wie du funktionierst, was du brauchst und nicht möchtest. Denn jeder Tag bringt neue Erfahrungen mit sich und lässt dich somit lernen, wachsen und entwickeln.

Jeder Tag macht dich ein Stück stärker,
klüger und mutiger.

Obwohl du für manche Fähigkeiten lange gebraucht hast, um diese zu erlernen, hast du nicht aufgegeben. Du warst dir sicher, es zu schaffen, und hast weitergemacht. Andere haben dir gut zugesprochen, dich bestärkt und angefeuert. Auch jetzt kannst du dir diese Cheerleader in deinem Umfeld suchen. Dein größter Fan solltest aber du selbst sein. Du solltest an dich glauben, liebevoll mit dir umgehen, deine Fehler verzeihen und an das schöne Ende glauben.

Du bist dein größter Erfolgsfaktor. Du bist dein einziger Konkurrent. Du bist alles, was dir wichtig ist. Du kannst alles sein, was du willst. Du hast die Macht über dein Leben. Deine Gedanken steuern dich durch das Abenteuer Leben. Deine Füße tragen dich über deine Grenzen hinweg. Deine Arme helfen dir in allen schwierigen Situationen. Und dein Herz leitet dich durch einen Dschungel an Gefühlen.

16.

Angstverwandlung

Angst wird durch ein negatives Zukunftsbild erzeugt. Dieses kann durch persönliche Erfahrungen und dadurch entwickelte Glaubenssätze entstanden sein und/oder zusätzlich durch erzählte Geschichten und durch das Beobachten (Modelllernen) negativ aufgeladen worden sein.

Damit die schreckliche Vorstellung verschwindet und neue angenehme und hilfreiche Gefühle gespürt werden, wird bei der Angstverwandlung das Szenario mit positiven Bildern aufgeladen. Ziel ist es, neue Assoziationen mit der Thematik zu entwickeln und durch die eigene Fantasie und Vorstellungskraft ein angenehmes Bild zu erzeugen.

Diese Übung erinnert an so manchen Fantasyfilm, bei dem ein Mensch zum Werwolf wird, eine Person zum Auto oder zum Superhelden mit besonderen Kräften wird. Du modifizierst bzw. »morphst«, verwandelst das Angstbild in etwas Schönes. Einerseits kannst du die Situation selbst verwandeln, andererseits kannst du dich selbst »modifizieren«. Da schon die gedanklichen Bilder ausreichen, um die Gefühlslage zu verändern und somit das einhergehende Verhalten zu beeinflussen, ist dadurch eine nachhaltige Veränderung möglich.

Modifiziere das Angstbild.
Bilde deine eigenen »Morph«.

Ein Klient, der massive Angstzustände beim Autofahren beklagte, hat das Autofahren mithilfe seiner Fantasie verwandelt (siehe auch im Kapitel »Angstimpfung«, Beispiel: Autofahren, S. 317). Die negativen Assoziationen, also Gedankenbrücken, sollten durch neue schöne ersetzt werden. Er überlegte, welches Bild ihm Sicherheit geben würde. Er entschied sich für ein Vogelnest. Daher malte er ein Auto, welches innen mit kleinen Ästen ausgestattet war und einem Vogelnest ähnelte. Ein weiteres Bild produzierte er, indem er ein Vogelnest mit sich selbst und ein paar Vogeleiern zeichnete, welches vier Räder unten dranhatte sowie ein Lenkrad. Sicher brachte er in seiner Fantasie die zerbrechlichen Eier auf allen vier Rädern an sein Ziel.

Eine Dame, die Angst vor Spinnen hatte, verwandelte die Spinne gedanklich in ein behindertes Insekt. Sie war Pädagogin und hatte ein großes Herz für alle benachteiligten Personen. Sie tauschte das Gefühl der Angst gegen Mitleid. Denn Spinnen waren für sie ungeheuerliche Tiere. Wir speicherten diese aber nun als Unglück der Natur ab, indem sie die komisch aussehende und furchterregende Ausstattung des Tieres als Zeichen einer Behinderung abstempelte. Somit konnte sie besser mit der Situation umgehen.

Ein Mann, der Probleme mit der Höhe hatte, kam zu mir, um daran zu arbeiten. Im Büro musste er regelmäßig seine Mittagspause in der Kantine verbringen, welche ihm durch eine große Glasfront viel zu viel von der Stadt zeigte und dem Boden, auf dem man aufkommen könnte. Sobald er bemerkte, wie hoch oben er war, konnte er nicht mehr sitzen bleiben. Bilder, wie das Haus zusammenstürzen könnte und er begraben wird oder wie das Fußballstadion, in dem er saß, auf einmal abbrechen und zu Boden krachen würde, füllten seine Gedanken. Er näherte sich Schritt für Schritt der Höhe (siehe auch Angstimpfung) und traute sich immer näher an den Abgrund bzw. an das Fenster oder Ende der Terrasse. Für das Gedankenspiel wählten wir eine Frau. Denn als wir über mögliche Vorstellungsbilder sprachen und das Wort Frau fiel, musste er unweigerlich lachen und hatte sofort andere Bilder im Kopf. Jedes Mal, wenn er sich der Angst näherte, genoss er den Ausblick auf eine Frau - nicht auf das unter ihm Liegende. Er stellte sich vor, dass, wenn er hinausblickte, er eine schöne Frau sah. Diese wollte er genauer betrachten und wagte sich deshalb näher ran. Er wiederholte dies so oft, sodass beim Gedanken an Höhe jedes Mal die schöne Frau in seinem Kopf war, die er sich dabei immer vorstellte. So konnte Höhe mit Frau und Sexualität verbunden werden, und die Bilder des Abstürzens verschwanden vor seinem inneren Auge.

Beeinflusse deine Gefühle
durch deine Vorstellungskraft.

Ein junges schüchternes Mädchen wollte an ihrem Selbstvertrauen arbeiten sowie an ihrer Angst, bewertet und kritisiert zu werden und nicht gut genug zu sein. Vor allem bei Prüfungen hat Panik die Kontrolle über ihre Gedanken und ihren Körper übernommen, sodass sie Schwierigkeiten hatte, Prüfungen zu meistern. Der Angstauslöser war die Person, die sie beurteilen musste. Für diese Person überlegten wir uns Vorstellungen, welche diese weniger bedrohlich erscheinen ließ. Einerseits war das Ziel, diese zu »degradieren«, und somit weniger angsteinflößend und machtvoll erscheinen zu lassen, andererseits, sie durch die Vorstellung anders fühlen und handeln zu lassen. Hier haben wir mehrere Szenarien durchgespielt. Eine Idee war es, dass der Prüfer etwas zwischen den Zähnen hatte oder einen großen Fleck auf dem Hemd. Da dies jeder Person unangenehm ist, brachte dieses

Gedankenspiel das Mädchen zum Lachen. Die Möglichkeit, sich das Gegenüber nackt vorzustellen oder zumindest in einer lustigen Unterhose, ließ die Jugendliche lächeln und sich stärker fühlen als der Lehrer in dieser Situation. Da der Lehrer auch nur ein Mensch aus Fleisch und Blut ist und somit nicht besser oder schlechter als man selbst, haben wir versucht, die Menschlichkeit in den Vordergrund zu rücken, um ihn vom gedanklichen Podest zu heben. Sehr empathische, mitfühlende Menschen können Angst auch in Trauer und Mitgefühl verwandeln, indem sie sich in Gedanken vorstellen, wie diese Person einen wichtigen Menschen verloren hat. Zum Beispiel könnte diese Person jetzt griesgrämig und kalt zu einem sein, weil ihre Mutter vor ein paar Tagen gestorben ist. Vielleicht ist er auch unfreundlich, weil seine Frau eine Operation vor sich hat und er besorgt ist. Durch die Veränderung der Gedanken folgt automatisch auch die Veränderung der Gefühlswelt. Übe dich in für dich hilfreichen Gedanken.

Du siehst, andere Gedanken - andere Gefühle - anderes Verhalten. Nutze die Macht deiner Gedanken für dich, stelle dir Situationen vor, die dir in diesem Moment helfen, dich positiv beeinflussen und positiv fühlen lassen. Wiederhole die Verknüpfung (Angstthematik + schönes Bild) immer wieder, bis das Angstobjekt mit der hilfreichen neuen Assoziation aufgeladen wurde.

MORPHEN

Situation

Verwandle die gefürchtete Situation und verändere diese für dich positiv. Paare das Angstthema mit einem schönen Bild, indem du diese miteinander verknüpfst und zu etwas komplett Neuem formst.

Mit welchen positiven Bildern kannst du die Angstsituation verknüpfen? (Auto = Nest, Menschen = Freunde, Höhe = Ausblick auf eine schöne Frau, Spinne = armes behindertes Tier)

Beschreibe deine Vorstellung. Notiere dabei genau deine Gedanken und Gefühle. Beschreibe auch dein Verhalten!

Verwandle die Situation und das Angstobjekt, um Angst in Freude, Trauer oder Ekel zu verwandeln.

Male diese Vorstellung, um sie noch fester im Kopf zu verankern.

Morphe dich

Du kannst nicht nur eine Situation in Gedanken verwandeln, du kannst auch dich modifizieren und stärken.

Es fällt uns selbst nämlich meist sehr schwer, unser Verhalten zu verändern, auch wenn wir uns gut zusprechen und sagen: »Sei jetzt stark!«, »Bleib ruhig!«, »Nimm es mit Humor!«. Wir können nicht aus unserer Haut, aber wir können uns so fühlen, als wären wir in einer anderen.

Diese Übung erinnert an die Arbeit eines Schauspielers. Sich selbst anders zu verhalten ist schwer, jemanden nachzuahmen aber leichter. Wir können unsere Gedanken und Handlungen besser steuern, wenn wir uns gedanklich in eine andere Person hineinversetzen, die die gewünschten Eigenschaften, die wir in dieser Situation haben wollen, schon in sich trägt.

Versetze dich in eine andere Person.
Eigne dir die Eigenschaften an,
die dir in der Situation helfen.

Bei einem Experiment wurde eine Klasse per Zufallsprinzip in zwei Gruppen aufgeteilt. Beide Schülergruppen mussten Mathematikaufgaben lösen. Die erste Gruppe begann und schnitt durchschnittlich ab. Der zweiten Gruppe wurde vor Antritt der Übung Folgendes gesagt: »Löst die Aufgaben so, als ob ihr Albert Einstein wärt. Denkt euch, ihr seid ein Mathematikgenie!« Alleine die Vorstellung reichte aus, um in dieser zweiten Gruppe ein überdurchschnittlich gutes Ergebnis zu erzielen.

Wenn du schlagfertig sein möchtest, denke an eine Person, die das in sich hat. Überlege, was diese Person sagen und wie sie sich verhalten würde. Du kannst Menschen aus dem wahren Leben als Vorbild nehmen, aber auch Comicfiguren oder fiktive Charaktere aus Filmen und Serien.

Ein Klient und Fantasyliebhaber hat sich für verschiedene Angstsituationen jeweils einen Superhelden zum Vorbild genommen. Er versetzte sich dabei in den Comichelden, fühlte sich stark, äußerte bekannte Zitate aus Filmen und konnte so viel besser in bestimmten Situationen reagieren. Ihm machte es Spaß, die verschiedenen Figuren zum Leben zu erschaffen, das Spiel mitzuspielen und zu überlegen, was sein Vorbild sagen würde. Er hatte nicht nur große Freude dabei, sondern eignete sich alle für die Situation relevanten und hilfreichen Eigenschaften an. Er war in diesen Momenten nicht die eingeschüchterte, ängstliche Person. Nein, er war ein Superheld.

Versetze dich in diese Person, und du wirst es leichter haben, dein Verhalten abzuändern.

Wer ist für dich stark und angstfrei?

____

Welche Eigenschaften würden dir bei Angstzuständen helfen?

____

____

Welche Personen oder fiktive Figuren haben diese?

Wie würde sich dieser Charakter in deiner persönlichen Herausforderung verhalten?

Was würde er denken und sagen?

Nun üben wir uns in Kreativität. Flexibilität in den Gedanken schafft mehr Lösungswege und erweitert das Spektrum an Gedanken und Verhalten.

Denke an eine Angstszene.

Wie würde sich Dieter Bohlen verhalten? Was würde er sagen und denken?

____

____

____

____

____

Wie würde sich die Queen verhalten? Was würde jemand aus der Königsfamilie sagen und denken?

____

____

____

____

____

Wie würde sich James Bond verhalten? Was würde er sagen und denken?

Wie würde sich eine Kindergärtnerin oder Lehrerin verhalten? Was würde sie sagen und denken?

Wie würde sich ein Homer Simpson verhalten? Was würde er sagen und denken?

Wie würde sich ein Superheld mit Superkräften verhalten? Was würde er sagen und denken?

Wie würde sich die eigene Mutter oder der eigene Vater verhalten? Was würde sie sagen und denken?

____

____

____

____

____

Wenn du etwas nicht veränderst,
ist es dasselbe,
wie genau dies bewusst zu wählen.

Nun hast du ausreichend Möglichkeiten gesammelt, wie du reagieren kannst. Nicht nur die Gedanken anderer Persönlichkeiten kannst du dir dafür zunutze machen, sondern auch ihr Verhalten. Verwandle dich in herausfordernden Erlebnissen in diese Person. Sei die Person, die du sein willst. Und lern von ihr. Denn möglicherweise gefällt dir das neue Verhalten ja so gut, dass du es gerne weiterhin übernimmst.

Du kannst dich in der Situation anders verhalten, du kannst anders denken. Deine Vergangenheit bestimmt nicht deine Zukunft.

17.

Atemtechniken

Mit unserer Geburt begannen wir zu atmen und zu leben. Zu atmen bedeutet zu leben. Wenn du nicht mehr atmest, bist du tot. So ist es auch, wenn du in Stresssituationen beginnst, zu schnell zu atmen. Du möchtest überleben und so viel Luft wie möglich in deine Lungen pumpen. Du möchtest dein Überleben sichern. Dir geht sozusagen die Luft aus. Unser Atem begleitet uns vom ersten Augenblick bis zum letzten unseres Lebens. Er ist essenziell, versorgt und kräftigt uns.

Atmen bedeutet Leben.

Das Atmen ist ein wichtiger Teil der Entspannung und die Entspannungstechnik schlechthin. Wissen tun das viele, richtig anwenden jedoch eher wenige.

Atemübungen helfen dabei, den Körper und den Geist zur Ruhe zu bringen. Psychologen, Physiotherapeuten und Sportwissenschaftler empfehlen und arbeiten unter anderem bei Panikattacken, Angstzuständen, Gedankenkreisen oder massiver Überforderung mit Atemtechniken. Das richtige Atmen beeinflusst die Gedanken, erfüllt den ganzen Körper und ist ein hilfreiches Tool, welches in jeder Lebenslage leicht einzusetzen ist.

Wenn dein Körper gleichmäßig atmet, dann zeigt dies, dass alles in Ordnung ist. Das denkt auch dein Gehirn. Wenn du beginnst, schnell und unregelmäßig zu atmen, bemerkt das auch dein Verstand. Er weiß, dass etwas nicht in Ordnung ist, und verstärkt die Angstgedanken. Ein Teufelskreis. Je schlimmer deine Vorstellung ist, umso unkontrollierter wird deine Atmung. Je mehr das dein Kopf bemerkt, umso mehr gerät dein Verstand in Panik. Wenn du zwar fürchterliche Gedanken hast, aber dein Körper beruhigt ist, denkt dein Gehirn, dass die Situation nicht so schlimm sein kann. Dein Körper ist ja ruhig, atmet, und somit beeinflusst du auch deinen Kopf und teilst ihm mit, dass alles in Ordnung ist. Die Gedanken beruhigen sich dann wieder von allein.

Kopf und Körper beeinflussen sich wechselseitig.

Da wir normalerweise nicht bewusst atmen, sondern dies automatisch passiert, ist das Ziel bei Atemtechniken, dass man das Ein- und Ausatmen bewusst steuert.

Hier sind verschiedene Atemtechniken, die du üben kannst, um in herausfordernden Situationen einen klaren Geisteszustand zu erreichen und deinen Körper zu kontrollieren und zu beruhigen.

Kontrolliertes Atmen

Je langsamer du atmest, umso langsamer wird auch dein Verstand. Je langsamer du ausatmest, umso mehr beruhigt sich dein Körper. Ziel ist es, die Atmung zu verlangsamen. Konzentriere dich vor allem auf den Vorgang des Ausatmens, denn dabei entspannt sich dein ganzer Körper. Atme bewusst langsam ein und aktiv langsam aus. Dabei kannst du dir in Gedanken auch noch einen positiven Glaubenssatz sagen (z. B. »Ich schaffe das«, »Ich bin stark«, »Ich habe die Kontrolle«), um die Wirkung zu verstärken.

5-6-7 Atmung

Auch bei dieser Übung soll die Atmung verlangsamt werden. Jedoch hast du nun eine vorgegebene Anzahl an Sekunden, die dir einen Richtwert vorgeben sollen und zeitgleich deine Gedanken beschäftigen und von negativen Gedanken weglocken sollen. Die Fünf steht für die Anzahl an Sekunden, die du einatmest. Atme in den fünf Sekunden tief ein und zähle mit. Nun halte den Atem für sechs Sekunden. Danach atme ganz tief aus, zähle dabei bis sieben und versuche, die gesamte Luft herauszupressen.

Kussmund

Beim Kussmund verrät der Titel schon einiges über die Technik selbst. Du atmest tief ein und die Luft komprimiert durch zusammengepresste Lippen wieder aus. Durch das Zusammenpressen der Lippen entsteht eine Art Kussmund oder Mundstellung, die an das Pfeifen erinnert. Dadurch wird die Atmung noch spürbarer und die Wirkung verstärkt. Auch hierbei ist es wichtig, die Atmung aktiv zu verlangsamen. Wenn es dir hilft, kannst du dabei auch zählen. Das Ausatmen sollte aber länger sein als das Einatmen.

Bauchatmung

Die Bauchatmung aktiviert das Zwerchfell und wirkt besonders entschleunigend. Eingeatmet wird durch die Nase. Hier ist weniger Luftzufuhr als durch den Mund möglich, und ein verstärktes Einatmen ist nötig, um ausreichend Luft in die Lungen zu bekommen. Tief einatmen, sodass sich der Bauch schön wölbt. Greife gerne mit deinen Händen hin, fühle, wie die Luft in dein Innerstes gelangt und dich ausfüllt. Atme so viel Luft wie möglich ein. Die Luft wird dann durch gespitzte Lippen wieder ausgepustet.

Empfangen & loslassen

Bei dieser Übung führst du eine kontrollierte langsame Atmung durch. Beim Einatmen denkst oder sagst du: »Ich atme ... ein.« Beim Ausatmen sprichst oder denkst du: »Ich atme ... aus.« Du kannst dich mit Energie aufladen, aber auch mit Kraft, Selbstvertrauen oder Entspannung. Sage dir: »Ich atme Entspannung ein - und Anspannung aus.« »Ich atme Selbstvertrauen ein - ich atme Selbstzweifel aus.« »Ich atme Kraft ein - ich atme Angst aus.« »Ich atme Energie ein - ich atme Kraftlosigkeit aus.« Versuche, dir dabei vorzustellen, wie mit deinem Atem, die Worte, die dazu passenden Bilder und Gefühle in deinen Körper übergehen beziehungsweise beim Ausatmen verlassen. Mit dieser Übung kannst du alles empfangen, was du in dieser Situation brauchst. Zeitgleich kannst du alles ausatmen, was deinen Körper verlassen soll.

Affirmationsatmen

Atme kontrolliert und langsam ein und aus. Sage dir beim Einatmen immer wieder ein bestärkendes Wort vor. Zum Beispiel atmest du ein und denkst dabei immer wieder »Liebe, liebe, liebe, liebe« oder »Mut, Mut, Mut«, »Kraft, Kraft, Kraft«. Mit diesem kurzen Wortlaut bekommt deine Atmung eine gewisse Schwingung und Kraft. Es fällt oft leichter, mit einem kurzen Wortlaut als mit einem ganzen Satz die Konzentration zu halten und die Atmung sowie die Gedanken bewusst zu steuern. Natürlich kannst du auch einen ganzen Satz verwenden und sagen: »Ich liebe mich«, »Alles wird gut«, »Meine Sorgen verschwinden«. Probiere es aus und erlebe, was dir besonders guttut.

Kutschersitz

Setze dich hin und stell die Beine schulterbreit auseinander. Stütze nun die Ellbogen auf deinen Knien ab. Das Atmen sollte nun leichterfallen und dir helfen, dich noch mehr hinzugeben.

Luftfänger

Du atmest wieder aktiv ein und aus. Beim Einatmen nimmst du deine Hände mit (Handflächen nach oben) und streckst sie in die Luft. Beim Ausatmen senkst du deine Arme, und deine Handflächen zeigen nach unten. Durch die Mitarbeit deines Körpers wird das Aufnehmen und Auspusten der Luft nochmals verstärkt und hilft dir, dich auf das Atmen zu konzentrieren.

Dornröschen

Dornröschen hat lange Zeit geschlafen. Da diese Übung im Liegen erfolgt und so entspannend sein sollte wie ein erholsamer Schlaf, habe ich dieser Technik diesen Namen verpasst. Abermals atmest du kontrolliert und sehr langsam ein und wieder aus. Dabei hast du deine Hände auf deinem Bauch. Fühle, wie sich dein Bauch beim tiefen Einatmen hebt und beim Ausatmen wieder senkt. Um dies zu fühlen, musst du viel Luft aufnehmen und auch wieder stark herauslassen. Versuche, dabei alle Punkte zu fühlen, mit denen du die Unterlage berührst. Fühle deinen Körper, fühle deinen Atem. Versuche, deinen ganzen Körper zu entspannen, vor allem Kopf, Kiefer, Hals, Arme und Beine. Lasse dich von der Unterlage tragen. Mit jedem Mal ausatmen sinkst du tiefer in den weichen, dich auffangenden Untergrund.

Hast du die Kontrolle
über deine Atmung,
hast du die Kontrolle
über deinen Körper.

Mit der Zeit wird sich dein Körper immer schneller beruhigen. Er gewöhnt sich daran, den Körper schneller herunterzufahren, wenn du mit den Atemtechniken beginnst, und wird sozusagen konditioniert, bei einer bestimmten Atmung Geist und Körper herunterzufahren.

18.

Angstimpfung

Eine Impfung ist eine Immunisierung durch die Injektion einer kleinen Menge an Gift. Durch diese absichtlich zugefügten Krankheitserreger werden Antikörper gebildet, die vor der Krankheit schützen.

Gegen Angst kann man sich zwar nicht impfen, aber es funktioniert mit der richtigen Technik, sozusagen immun zu werden und »Antikörper« zu bilden. Um diese »Antikörper« zu bilden, muss man sich der Angst stellen, schrittweise, in einer kleinen Dosis. Angelehnt an die »Stressimpfung« von Donald Meichenbaum nähert man sich der Angst und wird jedes Mal ein bisschen stärker und resistenter. Immer mehr hat man sich und seine Gefühle im Griff, bis das belastende Gefühl und die furchterregende Vorstellung verschwunden sind.

Angst geht immer einher mit einem Vermeidungsverhalten. Doch dieses muss aufhören. Mit jedem Vermeiden beweist du dir selbst aufs Neue, dass die Angst die Macht hat, dein Leben einzuschränken. Angst kann nur besiegt werden, wenn du dich ihr stellst.

Das Großartige ist, dass, wenn du eine noch so kleine Angst besiegst, alle anderen Ängste auch kleiner werden. Jeder kleine Sieg wird dir mehr Selbstvertrauen geben und mehr Mut. Mit jedem Schritt in die Angst und mit jedem Sieg gegen dieses Gefühl übernimmt deine Vernunft wieder die Kontrolle, lässt dich wieder atmen, freier werden und macht Platz für Liebe zu dir selbst und anderen. Ohne die Angstgedanken ist mehr Platz in deinem Kopf für schöne Gedanken, die noch schönere Gefühle auslösen.

Bevor du dich deinen Ängsten annäherst, ist es wichtig, diese zumindest gedanklich meistern zu können (siehe Entkatastrophisierung). Wenn du dir nicht vorstellen kannst, diese mental im Geiste zu besiegen, warte mit dem Versuch in der realen Welt noch. Sobald du gelernt hast, deine Gedanken und Gefühle in deinem Kopfszenario zu steuern und dort die Angst gedanklich zu besiegen, bist du bereit, dich dieser zu stellen.

Du kannst beides sein:
Ein Meisterwerk und zeitgleich
»under construction«, in Arbeit.

Anhand mehrerer Beispiele zeige ich dir nun, wie eine derartige Angstimpfung und deren Teilimmunisierungsschritte aussehen können.

ANGST: SPINNEN

Nehmen wir als Beispiel die Angst vor Spinnen, um zu zeigen, wie du dich Stück für Stück immunisieren kannst. Zuerst zerlegst du die Angst in kleine Teilziele, die von wenig angsteinflößend bis zu starken Angstempfindungen gestaffelt sind. Die erste Impfung soll dich mit dem Thema vertraut machen, aber noch nicht komplett der Angstvorstellung aussetzen. Danach näherst du dich immer mehr deinen Befürchtungen, indem du der konkreten Angst mit jedem Teilziel, bzw. Teilimpfung, näherkommst. Mit jedem Sieg wirst du dich stärker fühlen und dich selbst immer mehr im Griff haben. Zum Beispiel kann das so aussehen:

Schritt 1: Bilder von Spinnen

Sieh dir Bilder von dem gefürchteten Tier an. Höre auf deinen Körper, achte auf Reaktionen. Wie schrecklich ist die Situation für dich? Hast du dich im Griff? Verweile so lange bei diesem Schritt, bis keine Angst mehr spürbar ist. Wenn du diese Situation gemeistert hast, kannst du zum nächsten Schritt weitergehen.

Schritt 2: Eingesperrte Spinne

Danach könnte eine Spinne hinter Glas folgen, wie z. B. in einem Zoo oder Terrarium in einer Tierhandlung. Sieh dir die Spinne genau an. Sage dir, dass alles gut ist, dass du sicher bist und dir nichts passieren kann. Verweile wieder so lange, bis keine Angst mehr vorhanden ist. Dies merkst du, wenn du beginnst, dich zu langweilen und deine Gedanken abschweifen. Wenn du auch diese Situation erfolgreich gemeistert hast, kannst du das nächste Teilziel anstreben. Solltest du nach wie vor Angst verspüren, wiederhole diesen Schritt ein paar Tage später.

Schritt 3: Weit entfernte Spinne

Der nächste Schritt könnte eine Spinne in weiter Entfernung sein, ohne abschirmendes Glas. Es dürfen ruhig mehrere Meter Abstand sein. Versuche, tief durchzuatmen und die Situation zu bewältigen. Höre auf deine Gedanken, nutze die vier Fragestellungen (siehe Gedanken - Gefühle - Verhalten), um dich von deinen Sorgen zu befreien. Bedanke dich bei deiner Angst und schicke sie weg (siehe Personifizierung). Bleibe so lange in der Situation, bis sich positive Gefühle einstellen, denn erst dann kannst du die Erfahrung positiv abspeichern. Wiederhole dies so lange, bis die Vorstellung alleine nicht mehr angsteinflößend ist.

Schritt 4: Spinne am Papier

Eine noch intensivere Auseinandersetzung kannst du erreichen, indem du eine Spinne mit dem Papier hochhebst. So ist sie noch entfernt, aber doch auch schon sehr nahe. Nutze die Entkatastrophisierung (siehe Entkatastrophisierung) als Vorbereitung, indem du dir vorher die Situation gedanklich ausmalst und positiv ausgehen lässt. Bleibe wieder in der Situation, atme tief durch, sage dir positive Glaubenssätze vor und warte darauf, dass sich dein Körper und Geist beruhigen. Es reicht, wenn sie nur ein paar Zentimeter weiter ist als letztes Mal. Eine kleine Steigerung genügt, um es für dich als Erfolg verbuchen zu können.

Schritt 5: Spinne auf der Hand

Die Krönung ist das konkrete Erleben des Angstszenarios. Die Spinne könnte nun am Arm sitzen, und abermals versuchst du, die Angst zu bewältigen. Du hast bis jetzt schon so viel geschafft, bist immer stärker geworden und beweist dir nun, dass auch dieses Erlebnis kein Hindernis darstellt. Verlasse die Situation nicht, bevor die Angst abgeklungen ist. Du möchtest dies als Erfolg abspeichern, daher musst du so lange ausharren, bis die Angst verschwunden ist. Denn jedes Gefühl ist temporär und verschwindet zum gegebenen Zeitpunkt. Dies kann Minuten, aber auch Stunden dauern - am Ende wirst du dich stark und unbesiegbar fühlen. Wenn du dieses Erfolgserlebnis mehrmals wiederholst, wird dein Gehirn das Angstobjekt bzw. die Angstsituation als nicht mehr gefährlich einstufen, und du hast deine Angst besiegt.

Wenn die Angst tief sitzt,
musst du sie viele Male gehen lassen.

ANGST: AUTOFAHREN

Einer meiner Klienten hatte plötzlich Angst vor dem Autofahren und konnte nicht mehr in sein Auto einsteigen. Immer wieder musste er anhalten, weil er einer Panikattacke nahe war. Er glaubte, sein Herz würde stehen bleiben.

Zuerst haben wir hier wieder den Sinn, den Nutzen der Angst hinterfragt: Wovor soll diese schützen? Was gibt ihm die Angst? Wir haben Glaubenssätze hinterfragt, die er im Zusammenhang mit dem Autofahren hatte. Was denkt er über Autos? Warum ist das für ihn gefährlich? Wir haben Erfahrungen und Erlebnisse mit der Thematik besprochen und die persönlich gebildete Meinung hinterfragt. Mithilfe der Frage »Warum?« (siehe »Gefühle ergründen«) haben wir Gefühle ergründet und sind zum Kern vorgedrungen. Warum fühle ich Unsicherheit? Warum fühle ich Kontrollverlust? Warum fehlt das Vertrauen?

Danach haben wir die Glaubenssätze und Gefühle hinterfragt: Sind die Gedanken hilfreich? Sind sie wahr? Warum nicht? Welche Gründe sprechen dafür, dass sie nicht wahr sind? Wie lautet stattdessen ein hilfreicher Gedanke? Wir erstellten gemeinsam positive Glaubenssätze, die er jeden Tag gelesen hat, wie z. B. »Ich bin stark, Autofahren macht Spaß«, »Autos machen mich schnell und leistungsfähig«, »Autofahren ermöglicht mir, meine liebsten Menschen zu sehen«, »Ich habe jederzeit die Kontrolle über mich und meinen Körper«, »Angst kann ich wahrnehmen, aber leicht beiseiteschieben« oder »Ich bin in jeder Situation ruhig und gelassen«. Diese positiv bestärkenden Sätze konnte er nach einiger Zeit auswendig, und sie schlichen sich immer wieder in sein Leben.

Er setzte dann die ersten Schritte, um sich mit seiner Angst auseinanderzusetzen. Immer wieder übte er in seiner Vorstellung das Autofahren und ließ die Situation angenehm ablaufen: Die Musik läuft, er singt, er bedankt sich, wenn er die Vorfahrt bekommt, er steigt aus und umarmt seine Liebsten.

Täglich übte er sich gedanklich im Autofahren. Er entwickelte ein positives Bild, welches ihm half, positive Gefühle zu entwickeln. Er wollte das Auto mit dem Gefühl von Sicherheit und Komfort verknüpfen, daher überlegte er sich, welche Bilder dies in ihm auslösen würden (siehe Angstverwandlung). Die Entscheidung fiel auf das bereits erwähnte Vogelnest. Auch eine Wolke, auf der er schwebt, fand er passend. Für Sicherheit wählte er eine Burg, die aus dicken Steinmauern bestand. So stellte er sich auch das Auto vor. Er setzte sich in das Auto und versuchte, die beruhigenden Bilder zu manifestieren. Die Verknüpfung des Autos mit den gewählten beruhigenden Symbolen war erfolgreich. Mit dem Begriff Auto kamen sofort die Assoziationen Burg, Mauer, Nest, weich. Es half auch, das Auto als Nest zu malen bzw. mit dicken Mauern. Immer weiter stellte er sich seiner Angst. Wir erstellten Teilziele, die einzelne Schritte beinhalteten, sich seiner Angst zu stellen und immer mehr die Komfortzone zu verlassen.

Schritt 1: Videos/Filme

Sieh dir Videos und Filme an, bei denen Menschen mit dem Auto fahren. Im besten Fall positive Bilder. Bitte Freunde, ein Video von sich während der Autofahrt zu machen (das Mobiltelefon sicher einspannen, damit beide Hände frei sind). Sieh dir diese immer wieder an, bis sie dich langweilen.

Schritt 2: Videospiele

Suche dir Spiele, bei denen du als Autofahrer agierst. Ob du diese am Mobiltelefon, auf einer Xbox oder Wii spielst, ist nicht entscheidend. Hauptsache, du übst dich in der Rolle des Autofahrers. Auch hier musst du so lange aushalten, bis keinerlei Angst mehr vorhanden ist. Lobe dich, wenn du es geschafft hast. Wiederhole es mehrmals, bis es alltäglich und wenig aufregend ist.

Schritt 3: Hineinsetzen

Als Nächstes setze dich in ein nicht fahrendes Auto. Beobachte deine Gedanken und deinen Körper. Manifestiere eine schöne Vorstellung eines fahrenden Autos. Sieh dir alle Bestandteile des Fahrzeugs genau an. Berühre diese und lerne dein Angstobjekt kennen. Mache es dir gemütlich und versuche, eine Wohlfühlzone zu schaffen. Wenn du dich langweilst, deine Gedanken abschweifen und du dich sicher fühlst, kannst du einen Schritt weitergehen, denn du hast dein Ziel erfolgreich gemeistert.

Schritt 4: Mit Vertrauten mitfahren

Danach sollte sich das Auto bewegen. Du musst nicht gleich selbst fahren, kannst aber Beifahrer sein; im besten Fall mit einer bekannten Person, der du vertraust. Gemeinsam könnt ihr euch Situationen stellen, in denen du dich unsicher fühlst. Du kannst dir das Verhalten der Person abschauen und versuchen, es in den nächsten Schritten zu imitieren. Frage die Person auch, was sie in diesen Situationen denkt, um neue Ansichten zu gewinnen. Steige erst wieder aus, wenn du keinerlei Angst mehr empfindest. Wiederhole dies so oft, bis dieses Erlebnis in keiner Weise mehr aufwühlend ist.

Schritt 5: Mitfahren mit Unbekannten

Eine Steigerung könnte das Mitfahren mit unbekannten Personen sein, wie z. B. einem Taxifahrer. Hierbei heißt es auch wieder aushalten, tief durchatmen, alle erlernten Strategien anwenden und wachsen.

Schritt 6: Autofahren mit Vertrauten an ruhigen Plätzen

Nachdem du alle Schritte davor geschafft hast, kommt der Zeitpunkt, selbst das Steuer in die Hand zu nehmen. Du kannst Unterstützung mitnehmen, in Form von Freunden oder Familienmitgliedern. Denn zu zweit fällt vieles leichter. Auch wenn deine Bewertung von dir selbst als Person schlecht ausfällt, hast du noch immer einen Menschen neben dir, dem du mehr Urteilsvermögen zutraust. Dieses Vertrauen, was die Person in dich hat, wird auf dich übertragen. Diese Person kann dich bestärken, dir in schwierigen Situationen beistehen und helfen.

Schritt 7: Alleine Auto fahren an ruhigen Plätzen

Wenn dies mit einer bekannten Person gut geklappt hat, versuche nun dasselbe alleine zu reproduzieren. Fahre so lange auf einem Parkplatz oder anderen ruhigen Ort herum, bis du dich sicher und wohlfühlst. Du kannst auch mal anhalten und durchschnaufen, aber beende die Übung nicht, bevor du dich deiner Angstgefühle entledigt hast und du dich als Meister der Situation siehst.

Schritt 8: Autofahren mit Vertrauten an belebten Plätzen

Noch konkreter würdest du deiner Angst begegnen, wenn du nun selbst auf belebten Straßen unterwegs bist. Auch hier hole dir gerne die Bestätigung und Unterstützung von vertrauten Personen. Du bist nicht alleine. Verwende alle Übungen in diesem Buch und teste, welche am besten bei dir funktioniert. Halte aus, bis die Freude überwiegt und du es als schönes Erlebnis verbuchen kannst.

Schritt 9: Alleine Auto fahren an belebten Plätzen

Die Königsdisziplin ist das Autofahren alleine. Rufe dir immer wieder in den Sinn, wie gut alles davor funktioniert hat und wie weit du schon gekommen bist. Übe dies vorab wieder im Trockentraining nur in Gedanken. Sprich dir gut zu, lobe dich und halte aus. In brenzligen Situationen kannst du auch anhalten, reflektieren und danach weiterfahren. Stoppe den Wagen erst, wenn du alles gemeistert hast und dich stark und erfolgreich fühlst.

ANGST: VERLUSTANGST

Einige der hier beispielhaft erwähnten Klienten zeigten Angst vor dem Loslassen. Sie klammern sich an gewohnte Abläufe, an Kontrolle und Macht und haben oft einen starken Bezug zu Gegenständen, brauchen andere Personen und haben Angst, alleine zu sein. Auch hier geht es darum, diese Ängste zu definieren, einzugrenzen und dann schrittweise aufzuweichen, um sich diesen zu nähern.

Schritt 1: Gegenstände loslassen

Lerne, dass Veränderung nichts Schlimmes ist und es sich nicht unbedingt schlecht anfühlen muss, sondern sogar befreiend sein kann, sich zu entfernen, loszulassen, Dinge abzugeben. Miste aus. Verschenke alte, unbenutzte Gegenstände. Steigere dich, indem du geliebte Objekte verleihst oder sogar weggibst. Anderen kannst du damit eine Freude machen und dich damit sogar zusätzlich belohnen, indem du es spendest (Tierheim, Obdachlose, Kinderheim etc.). Du wirst sehen, dass es sehr schön sein kann, sich zu lösen.

Schritt 2: Gewohnheiten loslassen

Dies passiert manchmal auch automatisch, wenn du dich von Gegenständen loslöst. Zum Beispiel wenn du es gewohnt bist, mit einem Kaffee in den Tag zu starten, kannst du loslassen üben, indem du dies nicht mehr tust. Du wirst erst unsicher sein, dich unrund oder hilflos und verloren fühlen. Dies heißt es auszuhalten. Du wirst mit jeder neuen Erfahrung stärker und lernst Veränderung zu akzeptieren. Du lernst, Verhaltensmuster loszulassen. Du wirst sehen, es geht auch ohne Koffein am Morgen, es geht auch ohne Auto - nämlich mit dem Bus, Rad oder der Straßenbahn in die Arbeit etc. Durch das Durchbrechen alter Gewohnheiten wirst du immer stärker und unabhängiger. Immer mehr glaubst du, Neuem gegenüber gewachsen zu sein. Du wirst offener und ganz neue Facetten an deinem Leben entdecken.

Schritt 3: Menschen loslassen

Versuche, bewusst den Kontakt zu manchen Menschen zu lockern, die dir sonst Halt geben. Starte vorsichtig mit ein paar Stunden; auch wenn die Person im Nebenzimmer ist. Vereinbare eine exakte Zeit, versuche auszuhalten und nicht nach Rückhalt, Sicherheit oder Bestätigung zu suchen. Dadurch lernst du, dass die Liebe und Wertschätzung für dich nicht abnimmt, nur weil ihr räumlich getrennt seid. Steigere dich, indem du selbst oder diese Person wegfährt. Zuerst haltet ihr Kontakt über das Telefon, später keinen mehr. Ob es der Partner, die Mutter oder Freunde sind. Lerne, alleine zu sein. Lerne, dass die Personen da sind, auch wenn sie nicht unmittelbar in deiner Nähe sind. Lerne, dass deren Liebe nicht abnimmt, wenn du nicht unmittelbar vor ihnen stehst. Und dass du auch alleine viele schöne Dinge erleben kannst.

Die Angstimpfung funktioniert auch bei diffusen Ängsten, die nicht auf Gegenstände, bestimmte Situationen oder Tiere bezogen sind.

Geh nicht zu Altem zurück,
nur weil du zu ungeduldig bist,
auf etwas Neues zu warten.

Jeder würde für sich je nach Angstthema andere Schritte definieren. Auch die oben genannten können von Person zu Person anders eingereiht werden, je nach persönlichem Empfinden der Schwierigkeitsstufe. Es gibt nicht zu wenige oder zu viele Teilschritte. Je kleiner das »Gift« ist, um die Antikörper zu bilden, umso besser. Du kannst einen für dich herausfordernden Teilschritt so oft wiederholen, wie du möchtest. Manche Teilziele wirst du in einer rasanten Geschwindigkeit meistern. Bei anderen, die deine Angst immer konkreter treffen, wird es länger brauchen und mehr Versuche benötigen, bis die positiven Erfahrungen die Angst vertreiben.

Die Angstimpfung funktioniert auch bei diffusen Ängsten, die nicht auf Gegenstände, bestimmte Situationen oder Tiere bezogen sind, wie z. B. bei der Verlustangst, Versagensangst (Angst, Fehler zu machen) etc. Es braucht nur Fantasie und Kreativität.

Solltest du dich trotz Stressimpfung nicht in der Lage fühlen, dies zu bewältigen, kannst du dir jederzeit professionelle Hilfe holen. Es ist keine Schande, nach Unterstützung zu fragen. Dies zeigt sogar extremen Mut und Stärke, denn du öffnest dich, gibst deine Angst zu und setzt die ersten Schritte Richtung Verbesserung. Du zeigst, dass dich deine Angst nicht mehr lenkt, dass du diese nicht mehr leugnest oder beschönigst, sondern bereit bist, diese zu bekämpfen. Das ist mächtig, bedeutend und wegweisend für dein Leben.

Zerlege deine eigene Angst nun in Teilimpfungen. Welche Teilziele könntest du dir setzen, um deine Angst Stück für Stück zu besiegen? Beschreibe genau, wie dieser Teilschritt aussieht, was dies beinhaltet, wie du denken und dich verhalten möchtest. Notiere auch Übungen, die dir dabei helfen können. Sollte dir ein Schritt zu groß sein, kannst du ihn noch immer mit geliebten Personen bewältigen, um ihn erträglicher zu machen. Erstelle dir eine Art Plan und hake jede erfolgreiche Impfung ab. Somit visualisierst du nochmals deine Fortschritte und kannst die Steigerung besser fühlen. Wenn dich eine bestimmte Teilimpfung sehr stresst, dann reflektiere und überlege dir, wie du das nächste Mal die Situation lösen kannst. Mit genauen Ideen, wie du damit umgehen kannst, wird es dir leichterfallen, dich abermals der Angst zu stellen, jedoch nun gewappnet mit einem Lösungsansatz. Besprich die Erfahrungen auch gerne mit Vertrauten, diese können dich stärken und dir weitere Teilschritte oder Lösungen anbieten.

Schwierige Wege führen
zu den schönsten Orten.

Welche Teilziele könntest du dir setzen, um deine Angst Stück für Stück zu besiegen?

____

____

____

____

____

____

Wie kannst du dich nach jedem erreichten Teilziel belohnen?

Welche positiven und bestärkenden Worte kannst du dir immer wieder selbst sagen?

Was kann dir in Angstsituationen helfen, um einen kühlen Kopf zu bewahren?

Wie wirst du dich fühlen, wenn du dein Ziel erreicht hast?

____

____

____

Warum wirst du es schaffen?

____

____

____

Manche Fragen wiederholen sich, doch ist das gut, weil dein Verstand sich an die hilfreichen Fragen gewöhnt, ebenso wie an die erzeugten Vorstellungsbilder. Außerdem kannst du dir nie genug bestärkende, liebevolle und lobende Worte zukommen lassen.

19.

Negative Gedanken durchbrechen

Die meisten unserer Verhaltensmuster sind erlernt. Dies geschieht automatisch durch die eigenen Glaubenssätze, die die persönliche Weltanschauung, Einstellungen und Werte prägen. Irgendwann sind diese Gedanken kaum mehr wahrnehmbar, und das Verhalten wird zu einer instinktiven Reaktion, einem automatisierten Prozess. Um aus dieser Automatisierung auszubrechen, braucht es Übung.

Das Gehirn möchte Energie sparen, daher sind diese Automatisierungsprozesse im Körper auch gut. Das Zähneputzen in der Früh passiert wie von alleine, die Handlung ist zur Routine geworden. Auch viele Aufgaben in der Arbeit sind kaum noch wahrnehmbar oder unterscheidbar, da sie immer wieder gleichen Abläufen folgen. So wird das Einschalten der Kaffeemaschine am Morgen fast unbewusst und ohne jeglichen Aufwand erledigt. Möglicherweise ist auch die Mittagspause immer gleich, eine Gewohnheit und nicht merklich anders. Vor allem aber zu Hause schleichen sich immer mehr Gewohnheiten und Routinen ein, die einerseits das Leben erleichtern, andererseits aber auch kein bewusstes Nachdenken erfordern. Demnach sind auch viele Angstgedanken, Sorgen und Zweifel automatisiert. Hier reicht ein »Trigger«, also ein Auslöser, wie eine Spinne, ein Blick in die Tiefe, ein bestimmtes Wort, ein Ort oder eine Erinnerung an ein ähnliches Ereignis. Dies ist die Erinnerung an die Erinnerung. Denn wenn wir uns erinnern, denken wir an die letzte Erinnerung zurück und nicht an das primäre Ereignis, welches zu dieser Angst geführt hat.

Wir erinnern uns an die letzte Erinnerung, nicht an das Ereignis selbst.

Somit wird bei jedem Nachdenken die Erinnerung leicht abgewandelt; bei negativen Erfahrungen tendenziell zum Schlechteren. Unser Kopf spielt uns einen Streich. Immer mehr verschwimmen die Bilder der ersten Erfahrung, und ein neues Szenario wird erfunden, welches zu den eigenen Vorstellungen passt. Was wirklich geschah, wie es sich wirklich angefühlt hat, das kann die zigtausendste Erinnerung irgendwann nicht mehr abrufen.

Routinen sind gut, um uns selbst zu entlasten, aber schlecht, um aus alten Mustern auszubrechen. Da Gedanken das Verhalten steuern, ist hier der Hebel, an dem wir ansetzen können.

Aus bestimmten Lebenssituationen kennen wir es schon, wenn wir durch gewisse Umstände gezwungen sind, uns neu zu arrangieren. Zum Beispiel entdeckt man nach einer Weisheitszahn-OP neue Gerichte oder Zahnputztechniken, an die man vorher nie gedacht hatte. So lernt man nach einem Unfall und einem gebrochenen Fuß oder Arm, wie leicht das Leben doch vorher war und wie oft man die eigenen Gliedmaßen für Alltägliches braucht. So merkt man, wenn man mal vergisst, Zigaretten einzukaufen, dass es doch auch ohne geht, obwohl es zuvor nicht vorstellbar gewesen war.

Manchmal zwingt uns das Leben zum Umdenken und ermöglicht uns somit ein neues Leben. Zumindest fühlt es sich so an, wenn sich Gewohnheiten plötzlich ändern.

SATZERGÄNZUNGEN

Da auch viele Sätze automatisch ergänzt werden, wenn diese schon oft gedacht oder gesagt wurden, braucht es viel Energie, um den Gedanken zu stoppen und abzuändern. Es scheint leicht, benötigt aber viel Konzentration, Kreativität und Hirnschmalz.

Du bist keine Katastrophe.
Du bist ein fühlender Mensch in einer katastrophalen Welt.

Übe dich darin, aus automatisierten Gedanken auszubrechen und neue zu erschaffen. Versuche die nächsten Sätze zu ergänzen, jedoch nicht mit dem vorhergesehenen Wort, sondern mit einem komplett anderen, nicht passenden.

Beispiel:
Ein Apfel ist ... (x rot/x rund)
Ergänzen würde man den Satz mit dem Wort rot oder rund. Da nicht den ersten Gedanken gefolgt werden soll, sind diese klar ersichtlichen Satzergänzungen abzubremsen. Satzergänzungen könnten sein:
Ein Apfel ist fliederfarben.
Ein Apfel ist quadratisch
Ein Apfel ist 3×8.
Ein Apfel ist ein Nachtschattengewächs.
Ein Apfel ist die Schwester der Fledermaus.
Usw.
Ziel ist es, den ersten Gedanken wahrzunehmen, beiseitezuschieben und so schnell wie möglich umzudenken.

Stoppe die Zeit. Du wirst sehen, dass du immer schneller wirst und auch flexibler in deiner Denkweise.

Wenn ich müde bin, lege ich mich in mein

____ .

Ich esse mit Messer und

____ .

Im Alter werden die Haare

____ .

Montag, Dienstag, Mittwoch,

____ .

Der Mann trägt auf dem Kopf einen

____ .

Ich kühle mich ab und springe in

____ .

Morgenstund hat Gold im

____ .

Auf dem Adventskranz brennen vier

____ .

Mit der Zahnbürste putze ich

____ .

Nach dem Aufstehen kämme ich

____ .

Die Katze jagt die

____ .

Für die Reise packe ich

____ .

Ich habe Schnupfen und putze mir

____ .

Die alte Frau mäht den Rasen mit

____ .

Der Kirchenchor singt ein schönes

______________________________ .

Im Sandkasten spielt ein kleines

______________________________ .

Ich trinke ein großes Glas

______________________________ .

Norden, Osten, Süden

______________________________ .

Für die Mittagspause schmiere ich mir eine Scheibe

______________________________ .

Der Mensch hat zwei

____ .

Suppe isst man mit einem

____ .

Am Baum hängt ein großer saftiger

____ .

Ein Hund macht

____ .

In den achten Stock fahre ich mit

____ .

Der Bub schießt den Ball in das

____ .

Eine Frau ist neun Monate

____ .

Wie lange hast du gebraucht?

____

Versuche es nun nochmals, um deinen Rekord zu unterbieten.

In der Früh läutet und weckt mich

____ .

Milch bekommt man von der

____.

Miau macht …

____.

Das Eichhörnchen klettert auf

____.

Zum Schreiben braucht man einen

____.

Wer nicht hören will, muss

____.

Trinkst du deinen Kaffee mit Milch und

____?

Gassi geht man mit einem

____.

Zu meinen Freunden fahre ich mit

____.

Zum Geburtstag bekomme ich viele

____.

Wenn die Sonne bei Regen scheint, ergibt dies einen

____.

Sonne, Mond und

____ .

Für meine Arbeit bekomme ich

____ .

Wenn ich zu lange in der Sonne liege, bekomme ich

____ .

Damit ich vor dem Regen geschützt bin, trage ich

____ .

Meine Lieblingsfarbe ist

____ .

Man soll den Tag nicht vor dem Abend

____.

Eine Gurke ist

____.

Ich belege meine Pizza mit

____.

Zwei plus zwei ergibt

____.

Ich wohne in

____.

Zum Frühstück esse ich gerne

____ .

Ich lege mich ins Bett und

____ .

Ich verabschiede mich und sage

____ .

Die Woche hat sieben

____ .

Birnen wachsen auf

____ .

Zeppelin schreibt man mit

____ .

Ich schreibe einen Brief und bringe ihn zur

____ .

Adam und

____ .

Wenn ich Angst habe, dann

____ .

Wie lange hast du gebraucht?

____

Diese Übung ist nicht nur lustig, sondern auch sehr effektiv. Denn es erfordert sehr viel Übung und Willensstärke, um aus erlernten, automatisierten Verhalten und Gedankenprozessen auszubrechen. Nutze diese Methode, um bei negativen Gedanken umzuschalten und einen neuen positiven Gedanken zu formulieren.

Verändere deine Gedanken
und verändere somit die Situation.

Du wirst sehen, dass du dich dann auch anders fühlen wirst. Auch wenn der Gedanke noch so absurd ist, solange du es schaffst, nicht deinem ersten Instinkt zu folgen, bist du Meister deiner selbst. Und ein absurder witziger Einfall ist immer noch besser als die Zweifel und Sorgen, die dich runterziehen und belasten.

WAS WÄRE, WENN ...

Der Horrorfilm im Kopf hat begonnen, die Angst nimmt überhand, der Körper reagiert. Um neue schöne Filme im Kopf abspielen zu lassen und mehr Flexibilität in der Denkweise zu bekommen, eignen sich Vorstellungsübungen. Die Frage: »Was wäre, wenn ...« erschafft neue Bilder, die einen zu mehr Objektivität führen, einen neuen Standunkt ermöglichen und neue Möglichkeiten. Es entfaltet sich eine neue Welt durch die eigene Fantasie, welche durch fiktive Szenarien zu mehr Flexibilität in der Gedankenwelt führt.

Eine Kunst, die es zu meistern gilt, wenn negative Gedanken vertrieben werden sollen, ist der Einsatz der eigenen Fantasie. Das Durchbrechen von negativen Gedankenschleifen, hin zu neuen außergewöhnlichen Vorstellungsbildern. Man kann sich eine schöne heile Welt erträumen, in der man sich gut fühlt und einem ganz neue Perspektiven ermöglicht werden.

Trainiere die Flexibilität deines Verstandes und nutze deine Fantasie.

Diese Gedankenkunst trainieren wir jetzt. Nutze deine Fantasie, lasse dich auf neue Denkweisen ein, entdecke neue Welten und Möglichkeiten, indem du dich in das fiktive Szenario versetzt.

Versuche dich komplett auf die neue Ausgangslage einzulassen. Schreibe so lange wie möglich an der plötzlichen Wendung deines Lebens weiter, jedoch in mindestens fünf Sätzen.

Was wäre, wenn die Erde eine Scheibe wäre?
Was wäre, wenn das Internet nie erfunden worden wäre?
Was wäre, wenn Marsmenschen die Erde überfallen würden?
Was wäre, wenn wir durch den medizinischen Fortschritt ein ewiges Leben hätten?
Was wäre, wenn du auf einer einsamen Insel leben würdest?
Was wäre, wenn du eine andere Lehre/Ausbildung/Schule gewählt hättest?
Was wäre, wenn du ohne Vater und Mutter aufgewachsen wärst?
Was wäre, wenn du an einem tropischen Ort am Meer aufgewachsen wärst?
Was wäre, wenn es immer null Grad Celsius hätte?
Was wäre, wenn es keine Farben geben würde?
Was wäre, wenn du alle Allergien der Welt hättest?

Was wäre, wenn du schon immer selbstbewusst gewesen wärst?
Was wäre, wenn du ohne/mit Geschwistern aufgewachsen wärst?
Was wäre, wenn du zehn Kinder hättest?
Was wäre, wenn du zehn Jahre später geboren worden wärst?
Was wäre, wenn dein Vater ein berühmter Rockstar wäre?
Was wäre, wenn du im Lotto gewinnen würdest?
Was wäre, wenn du blind wärst?

Das Einzige, was nicht richtig war,
war dein Glaube,
dass etwas nicht richtig mit dir war.

Was wäre, wenn du durch die Zeit reisen könntest?
Was wäre, wenn du einer der klügsten Menschen auf der Welt wärst?
Was wäre, wenn du einer der dümmsten Menschen auf der Welt wärst?
Was wäre, wenn alle fliegen könnten?
Was wäre, wenn du eine andere Religion hättest?
Was wäre, wenn du Spitzensportler geworden wärst?
Was wäre, wenn …?

Auch wenn manche Vorstellungen unrealistisch auf dich wirken mögen, helfen sie doch enorm dabei, neue Denkweisen und Ansichten zu entwickeln. Es tut gut, einmal den eigenen Standpunkt zu verlassen und eine neue Welt für sich zu entdecken. Auch wenn die Realität nicht so ist, allein sich der Vorstellung hinzugeben, eröffnet eine neue Sicht auf so manch festgefahrene Lebensanschauung. Neue Betrachtungsweisen ermöglichen Chancen und Flexibilität in der eigenen Überzeugung.

Manchmal, wenn ich im Stau stehe oder längere Wartezeiten habe, wie z. B. beim Arzt, trainiere ich meine Kreativität und übe mich in Gedankenbildern. Je besser wir unsere Vorstellungen in Bilder verwandeln können, umso besser können wir in diese Bilder eintauchen. Je mehr wir diese fühlen, weiterdenken und gedanklich erleben können, umso mehr davon können wir in die reale Welt holen. Ob es die Visualisierung und Vorstellung von Zielen, Träumen und Wünschen ist, das Besiegen einer Angstvorstellung oder das Entfliehen aus einer stressigen Situation, indem man sich gedanklich an den Strand denkt - Gedanken erzeugen Bilder, diese erzeugen Gefühle und lassen dich handeln.

Flexibel in seinen Gedanken zu sein, nicht zu verweilen, sondern auch andere Möglichkeiten in Betracht zu ziehen, macht nicht nur Spaß, sondern ist extrem wirkungsvoll. Die Fantasie kann man trainieren.

20.

Liebe & Vergebung

Die Erkenntnis, für die ich selbst lange gebraucht habe und die doch aber im Grunde die wichtigste von allen ist: Vergebe dir und all deinen Schwächen. Liebe dich für all das, was dich erschaffen hat und zu dem Menschen gemacht hat, der du heute bist. Werde dir darüber bewusst, wie stark du doch bist und was du bereits alles gemeistert hast. Jedes Lebensjahr hat dich viel gelehrt. Jedes Jahr gab es Herausforderungen, die du doch gemeistert hast, obwohl du nicht immer sofort eine Lösung hattest. Auch als du gezweifelt hast, hast du weitergemacht, und ein Weg tat sich vor dir auf, welcher dich zu einem neuen Lebenskapitel geführt hat.

Du solltest den Berg besteigen
und ihn nicht
mit dir herumtragen.

Weißt du eigentlich noch, was du bereits alles in deinem Leben gemeistert hast? Weißt du eigentlich, wie großartig, stark und mutig du bist?

ERFOLGSTREPPE

Schaffe dir ein Bewusstsein über deine Erfolge in deinem Leben, all die schönen Wendungen und erreichten Ziele. Unterteile dein Leben in fünf oder drei Jahresblöcke. Schreibe dein Alter unter die Stufe der unten angeführten Treppe. Versuche, zumindest ein bis zwei Erfolge für die Lebensjahre pro Stufe zu finden. Sieh dir den gewählten Zeitraum ganz genau an und fülle diese mit deinen stolzen Erfolgs- und Glücksmomenten.

Zeichne all deine Erfolge auf die Treppe, die dich chronologisch nach Lebensjahren haben wachsen und dich immer mehr an dich haben glauben lassen.

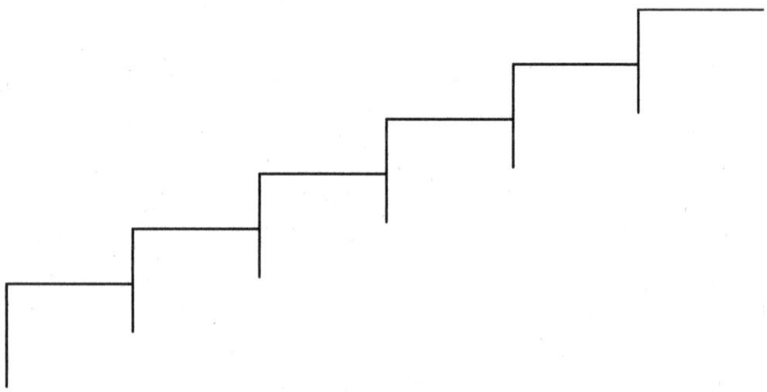

Wie fühlt es sich an, die Stufen zu betrachten?

Was sagt und zeigt dir die Treppe über dich?

Wenn dir wieder bewusst wird, wie stark du doch bist und was du schon alles geschafft hast, wirst du auch jetzt wieder Mut, Selbstvertrauen und Zuversicht finden. Du hast zahlreiche Stärken und Talente, die dir in die Wiege gelegt und von zahlreichen weiteren ergänzt worden sind, die du dir im Laufe deines Lebens aneignen durftest.

Lieben heißt, es so anzunehmen,
wie es ist, und nicht verändern zu wollen.

All die Schwächen, die du bei dir gefunden hast bzw. finden möchtest, werden dich nicht aufhalten. Sie sind ein Teil von dir, durch sie wirst du menschlich, nahbar und liebenswert. Diese kleinen Fehler machen dich einzigartig und zu einem besonderen Menschen, den es kein zweites Mal auf Erden gibt.

Du bist all das Gute in dir und zeitgleich all deine Schattenseiten. Licht kann ohne Schatten nicht existieren. Kein Schatten wird sich zeigen ohne Licht. Es wird immer das Gute und Schöne zu entdecken geben, aber auch immer das Schlechte. Nimm alle deine Schwächen und Unzulänglichkeiten an, die du selbst unter diesen Titel gestellt hast. Sie werden dich begleiten. Lass sie keine Last sein, sondern die Ergänzung zu deinem wahren, einzigartigen Ich.

Ich glaube an dich. Tust du es auch?

SCHWARZE KREISE

Was siehst du auf diesem Bild?

Hast du die schwarzen Kreise beschrieben? Hast du das Dunkle in den Fokus gerückt und die große weiße Fläche übersehen?

Den Wald vor lauter Bäumen nicht sehen.

Das Sprichwort trifft es ganz gut: Den Wald vor lauter Bäumen nicht sehen. Es gibt so viel Schönes und Gutes in deinem Leben. Vieles bist du nur bereits gewohnt, wie zum Beispiel deine Gesundheit, deine zwei funktionierenden Hände und tragenden Füße, ein Leben ohne Schmerzen. Auch bei den Ängsten (Kapitel 7, ab S. 155) hast du bemerkt, wie viele Ängste du eigentlich nicht hast. Glück ist immer eine Sache der Perspektive. Wenn dein Kopf nur mit Schlechtem gefüllt ist, mit allem, was du nicht hast, was schiefgelaufen ist und dich stört, dann ist dort kein Platz mehr für die schönen Gedanken.

Es ist schade, wenn du den Fokus auf all das legst, was du nicht kannst, was du nicht hast und wer du nicht bist. Sei stattdessen dankbar und froh für all das, was du hast, wer du bist und was du kannst.

Auf was möchtest du dich nun mehr konzentrieren, und womit willst du deine Gedanken füllen? Für was bist du dankbar?

21.

Fazit

Du hast es geschafft!

Du hast dich deinen Ängsten gestellt, an dir gearbeitet, neue Denkansätze erfahren und neue Glaubenssätze entwickelt. Ich bin stolz auf dich. Bestärke dich nun selbst. Lobe dich – für deinen Einsatz, dein Durchhaltevermögen und deinen Mut, dich deinen Ängsten zu stellen!

___

___

___

___

Das Leben ist ein kreatives Kunstwerk,
keine Rechenaufgabe mit einer
exakten Vorgehensweise und Lösung.

Dieses Buch hat dir neue Denkweisen aufgezeigt, Strategien mit auf deinen Weg gegeben und dich hoffentlich zu zahlreichen Erkenntnissen geführt. Ich hoffe, es hat dir dabei geholfen, dich besser kennenzulernen, dich zu finden und dir die richtigen Fragen zu stellen, um bei all deinem Tun erfolgreich zu werden.

Ich hoffe auch, dass du viel Freude beim Ausarbeiten hattest und vieles davon umsetzen kannst. Vielleicht kannst du deine neuen Methoden auch an andere Personen weitergeben, um nicht nur dein Leben positiv zu verändern, sondern auch das anderer Menschen.

Nun möchte ich, dass du dir zwanzig Minuten Zeit nimmst und überlegst, was für dich die wichtigsten Erkenntnisse aus diesem Buch waren. Was sind für dich die wichtigsten Erkenntnisse, Theorien, Sätze, Übungen und Strategien?

Denke zuerst nur nach, ohne etwas zu schreiben. Sortiere deine Gedanken. Danach kannst du zurückblättern und deine Antworten zu den Fragen in den verschiedenen Kapiteln durchgehen. Nimm dir einen Buntstift und streiche die für dich wichtigsten Antworten/Fragestellungen an. Suche Zusammenhänge, Muster und Überschneidungen.
So wirst du diese nochmals verfestigen und sie positiv in dein Leben integrieren und verankern können.

____

____

____

____

____

____

Danke!

Danke schön für deine großartige Arbeit! Ich bin stolz auf dich. Du hast dir viel Wissen aneignen können, dich dir selbst gestellt und bist über dich hinausgewachsen.

22.

Quellen & weiterführende Literatur

Ziele machen glücklicher

Bühler/Weismann/Nikitin/Grob (2019), A Closer Look at Life Goals Across Adulthood: Applying a Developmental Perspective to Content, Dynamics, and Outcomes of Goal Importance and Goal Attainability. In: *European Journal of Personality,* 2019, Vol. 33, No. 3, S. 359-384.

Manel Baucells und Rakesh Sarin, *Engineering Happiness: A New Approach for Building a Joyful Life.* Berkeley 2012, S. 145f.

McGregor und Little (1998), Personal projects, happiness, and meaning. In: *Journal of Personality and Social Psychology,* 1998, Vol. 74, No. 2, S. 494-512.

Deci und Ryan (2000), The »What« and »Why« of Goal Pursuits: Human Needs and the Self-Determination of Behavior. In: *Psychological Inquiry,* 2000, Vol. 11, No. 4, S. 227-268.

Kapitel 1: Die vier Hauptemotionen

Charles Darwin , *The Expression of Emotions in Man and Animals.* London 1872.

Ekman und Friesen (1972), Universal Facial Expressions of Emotions. In: *California Mental Health Research Digest,* 1972, Vol 8, No. 4, S. 151-158.

Gefühle artikulieren - Das Gefühlsrad

Robert Plutchik, *Emotion: A Psychoevolutionary Synthesis*, New York 1980.

Situationen richtig einschätzen

Rüdiger F. Pohl, *Cognitive Illusions: A Handbook on fallacies and biases in thinking, judgement and memory*. New York 2004.

G. Gigerenzer (1999), How to make cognitive illusions disappear: Beyond Heuristics and Biases. In: W. Stroebe und M. Hewstone (Hrsg.), *European review of social psychology*, Bd. 2, Nr. 1, 1991.

Kapitel 2:

Erlebensebenen der Angst

P. J. Lang (1968), Fear reduction and fear behavior: Problems in treating a construct. In: J. M. Shlien (Hg.), *Research in psychotherapy*; American Psychological Association, S. 90–102.

J. Margraf und S. Schneider, *Lehrbuch der Verhaltenstherapie*. Bd. 1, 3. Auflage; Heidelberg 2009, S. 6. (Online unter: https://www.kli.psy.ruhr-uni-bochum.de/klipsy/public/margraf%20books/Band1-Kapitel1.pdf.)

Wie Gefühle uns beeinflussen

Martin Hartmann, *Gefühle. Wie die Wissenschaften sie erklären*. Frankfurt am Main 2005; 2., aktualisierte Auflage 2010.

Wilhelm Arnold et al. (Hrsg.), *Lexikon der Psychologie*. Augsburg 1996.

Negative Gedanken hinterfragen

Beate Wilken, *Methoden der Kognitiven Umstrukturierung. Ein Leitfaden für die psychotherapeutische Praxis*. Stuttgart, Berlin, Köln 1998.

Albert Ellis, *Die rational-emotive Therapie*. München 1993.

Grundbedürfnisse

Abraham Maslow (1943), A Theory of Human Motivation. In: *Psychological Review*, 1943, Vol. 50, No. 4.

Kapitel 3:

Die vielen Namen der Angst

Liste mit freundlicher Genehmigung von Richard L. Fellner (Online unter: https://www.psychotherapiepraxis.at/artikel/angst/angstformen.phtml.)

Studien zur Häufigkeit von Phobien

Murray P. Stein et al (2009), Recent Findings in Social Phobia among Children and Adolescents. In: Albert Ellis, *Die rational-emotive Therapie*, 2009, 46(1), S. 34-44. (Online unter: https://www.ncbi.nlm.nih.gov/pmc/articles/PMC2925835/.)

Vgl. https://www.psychenet.de/de/psychische-gesundheit/informationen/soziale-phobie.html.

Vgl. https://www.msdmanuals.com/de/heim/psychische-gesundheitsst%c3%b6rungen/angstst%c3%b6rungen-und-stressbezogene-erkrankungen/soziale-phobie.

Bedeutung sozialer Bindungen

Lexikon der Psychologie; Stichw.: »Waisenkinderversuche«. Heidelberg 2000. (Online unter: https://www.wissen.de/welche-sprachexperimente-machte-friedrich-ii-mit-kindern.)

Harry F. Harlow (1961), The development of affectional patterns in infant monkeys. In: B. M. Foss (Hg.), *Determinants of infant behaviour.* London 1961, S. 75–88.

Kapitel 6:
Vier Grundformen der Angst

Fritz Riemann, *Grundformen der Angst.* 41. Auflage; München 2013.

Stressbewältigung

Lazarus und Alfert (1964), The short-circuiting of threat by experimentally altering cognitive appraisal. In: *Journal of Abnormal and Social Psychology*, Vol 69, S. 195–205.

Lazarus und Folkman, *Stress, Appraisal, and Coping.* New York 1984, S. 53.

Kapitel 15:
Immunisierung gegen Angst

Donald Meichenbaum, *Intervention bei Streß.* Hrsg., übersetzt und mit einem ergänzenden Kapitel von Lothar Schattenburg. 2. Auflage; Bern 2003.

Vermeidungsverhalten

H. Reinecker, *Lehrbuch der Verhaltenstherapie.* Tübingen 1999.

Kapitel 16:
Veränderung

R. K. Streich, *Fit for Leadership.* 2. Auflage; Wiesbaden 2016.

John P. Kotter, *Chaos, Wandel, Führung (Leading Change).* Berlin 1998.

»Wir müssen damit aufhören, ständig auf unsere Defizite zu achten.«

Christian Peter Dogs ist Facharzt für Psychiatrie und Psychosomatik. Er hat viele tausend Menschen behandelt, die an Depressionen, Ängsten und den Folgen traumatischer Ereignisse litten – mit ungewöhnlichen und sehr erfolgreichen Konzepten. Seine Erfahrungen zeigen: Es gibt Auswege. Und vor allem: Wir selbst können jede Menge für unsere seelische Gesundheit tun.

»Dogs ist ein Rebell. Er hat die stationäre Psychotherapie in Deutschland revolutioniert.« *Stern*

Christian Peter Dogs und Nina Poelchau

Gefühle sind keine Krankheit

Warum wir sie brauchen und wie sie uns zufrieden machen

Taschenbuch
Auch als E-Book erhältlich
www.ullstein.de

ullstein